许晖 著

100个
常用词中的
古代博物志

广西师范大学出版社
· 桂林 ·

目　录

◈ 山林河海

瓜葛 为何指远亲 · 〇〇三

如愿 原来是彭泽湖神的婢女 · 〇〇六

竹报平安 为何指报平安的家信 · 〇一〇

连理 本来是两棵树 · 〇一三

希望 本来指仰望星星 · 〇一六

灵芝 原来有六种颜色 · 〇二〇

卤莽 原来指盐碱地上的荒草 · 〇二四

败家子 原来语出『稗子』· 〇二九

蕞尔小国 『蕞』原来指束茅草表位次 · 〇三一

◈ 奇人异兽

三脚猫 原来是从飞熊变化而来 · 〇三七

与虎谋皮 本来是『与狐谋皮』· 〇四〇

心头鹿撞 为何用鹿来作比喻 · 〇四四

水獭 为何以『獭』为名 · 〇四八

对手 为何跟『手』有关系 · 〇五二

荒诞 竟然是一种怪兽 · 〇五六

扛鼎 到底怎么『扛』· 〇五九

龟缩 原来不仅仅指龟缩头 · 〇六二

长舌妇 最早指哪个女人 · 〇六六

赝品 『赝』竟然跟家鹅有关 · 〇七〇

顶缸 为何比喻代人受过 · 〇七四

狡猾 本来是一项罪名 · 〇七七

猪头 原来是祭祀的敬供 · 〇八〇

猩红 跟猩猩有关系吗·〇八四

糟蹋 竟然是遭水獭之祸·〇八八

蠹贼 原来是两种害虫·〇九一

鳏夫 为何代指丧妻的男人·〇九四

强梁 原来是食鬼之神·〇九七

❖ 家常杂物

不倒翁 原来是劝酒用具·一〇三

风筝 原来是传递消息的工具·一〇六

什物 原来是军旅中的必备器物·一一一

方舟 原来是大夫所乘的船·一一五

天衣无缝 来源于佛教用语·一一八

凶器 原来指丧葬器具·一二二

扑满 为何用作存钱罐的代称·一二七

布袋 原来是上门女婿的谑称·一三〇

行李 原来是使者·一三四

纨绔子弟 『纨绔』是什么东西·一三九

作主 原来是制作神位·一四二

灵柩 不是棺材·一四五

扶老 原来是拐杖的雅称·一四九

青衫 为何代指失意的官员·一五四

使节 原来与刻字的符节有关·一五八

尚方宝剑 『尚方』原来是官署名·一六二

首饰 原来指男人的帽子及其饰物·一六六

哭丧棒 原来有竹杖和桐杖之分·一七〇

摇钱树 原来是形容妓女·一七五

徽号 原来是旌旗·一七八

蓝本 为何代指底本·一八三

烽火 原来是两种信号·一八六

❖ 人情礼节

方丈 原来是一座仙山·一九一

兄台 为何是对朋友的敬称·一九四

处女 本来指未出嫁的女子·一九八

同僚 为何指同事·二〇一

会计 原来是一年计算一次·二〇四

赤子 本义是婴儿·二〇八

良家妇女 居然有严格的限定·二一二

其官 竟然是皇帝的称谓·二一六

状元 原来不一定是第一名·二二〇

员外 本来是一项官名·二二四

孤注 竟然指宋真宗·二二七

官衔 为什么指官位·二三〇

和缓 原来是秦国的两位良医·二三四

妯娌 竟然曾经与『先后』有关·二三八

岳父 为何是对妻子父亲的尊称·二四二

姑息 为什么会养奸·二四六

折枝 原来指为长者效劳·二五〇

采花 原来比喻美好的爱情·二五三

饯行 原来首先要祭路神·二五六

添丁 原来是凶兆·二六〇

正室、侧室 原来不是指妻妾·二六四

异闻秘史

马路 不是供马走的路·二七一

书信 原来指传递信札的人·二七四

讨厌 来自巫术用语·二七八

老油条 为何比喻圆滑·二八二

危言 竟然指正直的话·二八六

沐浴 是严格的礼仪制度·二九〇

时髦 是哪个朝代最早用的·二九四

步骤 原来是指由慢走到快跑·二九八

身怀六甲 为何表示怀孕·三〇二

妖孽 本来不是形容女色·三〇六

村气 原来是唐太宗调侃驸马之语·三一〇

兵谏 『兵』原来指兵器·三一四

穷鬼 原来并不穷·三一八

弃市 本来不是指死刑·三二一

招魂 既招生者之魂也招死者之魂·三二五

败绩 为何形容军队溃败·三二八

薪水 为何代指工资·三三二

鬼祟 『祟』到底是什么·三三六

秋老虎 原来是『秋老火』之误·三四〇

首级 为何指脑袋·三四四

要领 原来指腰斩和枭首之刑·三四八

靠山 靠的不是安禄山·三五二

赛神 不是比谁供的神好·三五七

喽啰 竟然是赞美的词·三六〇

随和 原来是两件宝物的并称·三六四

公社 原来指官家的祭祀场所·三六八

号子 为何是监狱牢房的代称·三七三

名堂 为何指花招·三七六

陵寝 专指帝王的坟墓·三八〇

灵台 最初是求雨之台·三八五

山林河海

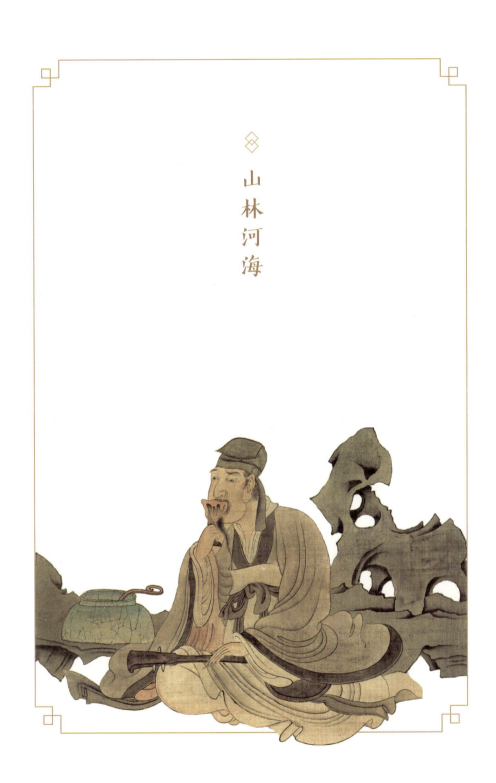

瓜葛
为何指远亲

　　"瓜"是蔓生植物，"葛"也是蔓生植物，缠绕到别的植物或物体上才能不停地生长，因此"瓜葛"用来比喻辗转相连的亲戚关系或社会关系。清人伊秉绶所著《谈征》"瓜葛"条定义为："蔓延相及属之绵远者云瓜葛。"

　　东汉学者蔡邕《独断》一书中载："天子以正月五日毕供后上原陵，以次周遍，公卿百官皆从，四姓小侯，诸侯家妇，凡与先帝先后有瓜葛者……皆会。""瓜葛"是指亲戚无疑，却是指的远亲，因为"四姓小侯"和"诸侯家妇"跟皇帝的亲戚关系可想而知远到了何种程度。

　　"瓜葛之亲"也称作"葭莩之亲"。《汉书·传·景十三王传》："今群臣非有葭莩之亲，鸿毛之重，群居党议，朋友相为，使夫宗室摈却，骨肉冰释。"颜师古注："葭，芦也。莩者，其筒中白皮至薄者也。葭莩喻薄。""葭"是芦苇，"莩"是芦苇里面非常薄的那层白色的膜，因此"葭莩"一词就用来比喻亲戚关系疏远淡薄。唐人权德舆在《奉和韦曲庄言怀，贻东曲外族诸弟》诗中写道："小生忝瓜葛，慕义斯无穷。"对外族诸弟而自称"瓜葛"之亲，可见亲戚关系的确非常远。章炳麟这段话写得更是清楚："其在同党，虽无葭莩微末之亲，一见如故。""葭莩之亲"即微末之亲，其意甚明。

《晋书·王悦传》记载了一则东晋开国功臣王导和大儿子王悦的趣事："导尝共悦弈棋，争道，导笑曰：'相与有瓜葛，那得为尔邪！'"王导下了一步棋后想反悔，王悦按住父亲的手指不让他悔棋，王导开玩笑说："你我还是有些瓜葛的，你哪能这样不讲人情呢！"蔡邕注解道："瓜葛，疏亲也。"即远亲。

"瓜"和"葛"都是蔓生植物，因此"瓜葛"牵缠在一起也指代夫妻。魏明帝曹叡《种瓜篇》："与君新为婚，瓜葛相结连。"元人白朴《墙头马上》："果若有天缘，终当做瓜葛。"都是指代夫妻。

《诗经·唐风图》『葛生』，（传）南宋马和之绘，赵构书，绢本设色长卷，辽宁省博物馆藏。

马和之，生卒年不详，钱塘人，南宋画家，官至工部侍郎。擅画人物、佛像、山水，为御前画院十人之首。自创柳叶描，行笔飘逸，着色轻淡，人称"小吴生"。宋高宗和宋孝宗曾书《毛诗》三百篇，命马和之每篇画一图，汇成巨帙。画作笔墨沉稳，结构严谨，笔法清润，景致幽深。该系列摹本众多，存世至今约十六卷，风格、水平不一，散藏于几大博物馆。

这一段画面对应的诗是《唐风·葛生》："葛生蒙楚，蔹蔓于野。予美亡此，谁与独处……"这是一首悼亡诗，女子悼念去世的丈夫。古人认为此诗是讽刺晋献公好攻战，令国人多丧。诗的开头以爬满荆棘的葛藤和覆盖荒野的蔓草起兴，哀楚凄凉。郭沫若曾将它改写为一首男子口吻的白话诗："葛草把树颠都蒙了，蔓草把土田都满了。我的爱人她是早已死了，我只是一人留着……黑夜长得和冬天一样！白昼长得和夏天一样！我要受过了一百年的痛苦，才能挨近到她的身旁！"夫妻本如瓜葛相连，一方早逝，留下另一方独对荒芜余生，怎一个愁字了得。

如愿
原来是彭泽湖神的婢女

　　如愿、如愿以偿、但求如愿，这些都是中国人的喜庆用语。从字面意思来说，"如愿"就是遂了心愿，但鲜为人知的是，"如愿"这个词以及中国民间"求如愿"的习俗却是从一则神异故事而来。

　　《搜神记》是东晋干宝的著名神异小说，其中记载了一个故事，明白如话，全文照录于下："庐陵欧明，从贾客，道经彭泽湖，每以舟中所有，多少投湖中，云：'以为礼。'积数年。后复过，忽见湖中有大道，上多风尘，有数吏。乘车马来候明，云：'是青洪君使要（邀）。'须臾，达见有府舍，门下吏卒。明甚怖。吏曰：'无可怖！青洪君感君前后有礼，故要君。必有重遗君者，君勿取，独求"如愿"耳。'明既见青洪君，乃求'如愿'。使逐明去。如愿者，青洪君婢也。明将归，所愿辄得，数年，大富。"

　　原来，"如愿"乃是彭泽湖神青洪君的婢女，欧明得到她后，"所愿辄得"，一切要求都能如愿，遂成富人。

　　南朝学者宗懔在记述荆楚地区民俗的《荆楚岁时记》中载："以钱贯系杖脚，回以投粪扫上，云令如愿。"这项风俗后来演变为过年时不能倒垃圾，闽南地区则演变为过年时要用新扫帚扫地，然后将扫帚、畚斗、垃圾堆放到门边，谓之"求如愿"，求的就是青洪君的婢女如愿。

为什么要"求如愿"呢？《搜神记》今天的版本中并没有如愿后来的故事，也许是佚失的缘故，但隋唐之后的各种笔记小说中却有保存，比如唐末五代时人韩鄂在《岁华纪丽》一书中引《搜神记》后续故事："后至岁旦，如愿起晏，明鞭之，如愿以头钻粪帚中，渐没失所在，明家渐贫。故今人岁旦粪帚不出户者，恐如愿在其中也。""岁旦"指新年的第一天。"求如愿"的习俗即由此而来。之所以不倒垃圾，是盼望着钻进粪帚的如愿在人们的恳求声中重新走出来，从而帮助人们发家致富。

北宋诗人黄庭坚《宫亭湖》一诗即咏此事，诗末写道："灵君如愿倘可乞，收此桑榆老故丘。"宫亭湖即彭泽湖，宫亭湖神当然就是如愿的主人青洪君，灵君即指青洪君；"桑榆"指晚年。灵君和如愿倘若真的可以乞求，请收了我这把老骨头，让我得以终老故乡吧。

日常用语中的"如愿"一词竟然来自神灵的婢女之名，大概是很多人没有想到的吧！

元朱君璧

《龙宫水府图》，元代朱玉绘，绢本设色，北京故宫博物院藏。

朱玉（1293—1365），字君璧（一作均璧），昆山（今属江苏）人。淡于名利，闻佳山水，每悠然独往。工道释人物，从王振鹏学，遂精界画。传世作品有《地狱变相图》《揭钵图》等。

这是一幅册页，描绘的是"柳毅传书"的故事，出自唐人李朝威所著传奇小说《柳毅传》。故事讲述洞庭龙女远嫁泾川，受丈夫泾阳君与公婆虐待，牧羊河畔，幸遇书生柳毅仗义为之传书，终得救。画面上正是柳毅抵达洞庭龙宫，下马揖见，龙君率众相迎的一幕。只见水府上空波涛汹涌，龙君身后的伞盖飘带翻飞，倾斜的构图令画面如在动荡的水波中，将海底龙宫的感觉传达得很生动，也令画面多了几分戏剧性。

《搜神记》中的欧明送礼多年，求得青洪君婢如愿，成大富之人，与柳毅急人之难、仗义传书之事自然不可同日而语。柳毅虽无私心，但龙女感恩图报，几经波折，二人终成眷属，共登神仙之列。从这两个故事来看，无论彭泽君还是洞庭君，行事都颇为正直厚道，有得必偿，有恩必报，远胜人间君主。

竹报平安
为何指报平安的家信

2012 年春节联欢晚会上，主持人说过这么一番话："中国有句古话叫'竹报平安'，虽然现代人早已不把报平安的家信写在竹简上了，但这青青翠竹在传统文化里一直被视为坚贞高洁、虚心向上的君子形象。"主持人把"竹报平安"理解为"把报平安的家信写在竹简上"，这是典型的望文生义。"竹报平安"的确是指报平安的家信，但"竹报"之"竹"却并非竹简。

这个成语出自唐代著名博物学家段成式所著《酉阳杂俎续集·支植下》："卫公言：'北都惟童子寺有竹一窠，才长数尺。相传其寺纲维每日报竹平安。'"

"卫公"，指唐代中期名臣李德裕，赐封卫国公。李德裕早年曾在北都太原任职，太原西南的龙山上有一座始建于北齐年间的童子寺，寺里有一丛数尺高的竹子。"纲维"指寺庙中的司事僧。因为北方不产竹，童子寺里的这丛竹子就显得十分珍贵，司事僧才每天向寺里报告竹子还平安活着呢。正如清代学者郑志鸿在《常语寻源》一书中所说："北都即今太原地，无竹，故珍贵如此。"

正是因为这个典故，后人就把家信雅称为"竹报"，"竹报平安"于是顺理成章地代指报平安的家信。南宋词人韩元吉在《水调

《竹报平安》，明代陆治绘，纸本设色，1552年，台北故宫博物院藏。

陆治（1496—1576），字叔平，明代画家。吴县（今江苏苏州）人，因居包山，便以包山自号。为人倜傥仗义，以孝友称。能诗文，善书法，尤醉心绘事。与祝允明、文徵明交游。工写生，点染花鸟竹石，往往天造。山水用笔劲峭，景色奇险，意境清朗，在吴门画派中自具风格，与陈淳并重于世。晚年贫甚，衣处士服，隐支硎山，种菊自赏。卒年八十岁。

此轴绘三只鹌鹑在太湖石下觅食嬉戏，梳理翎毛。石后一丛翠竹挺拔，竹竿上缠绕着开花的蓝色牵牛。画中鹌鹑与翠竹皆寓意"平安"，顾名思义，这是一幅吉祥画。此幅兼工带写，设色清雅，笔致潇洒，令观者心情舒畅。

歌头·席上次韵王德和》中写道："月白风清长夏，醉里相逢林下，欲辨已忘言。无客问生死，有竹报平安。"此处的"竹"已非童子寺之实指的"竹"，更不是春晚主持人所理解的竹简，而仅有象征意义，代指家信。如果继续使用此词的原型"报竹平安"，相信人们就不会理解错误了。

从此之后，"竹报平安"一语进入了汉语的词汇库，竹子也成为中国民俗中吉祥平安的象征物，逢年过节张贴的对联上屡屡出现"竹报平安，花开富贵"等吉祥用语，吉祥图案中也屡屡描绘竹子的形象，以祈求平安吉祥。

连理
本来是两棵树

　　古典诗词里面常常出现"连理"这一意象，比如白居易《长相思·九月西风兴》："愿作深山木，枝枝连理生。"孟郊《感兴》："昔为连理枝，今为断弦声。连理时所重，断弦今所轻。"人们都知道"连理"指代婚姻，"喜结连理"即成婚的意思，可是结婚为什么称为"连理"呢？

　　东晋文学家干宝所著《搜神记》记载了一则凄美的爱情故事："宋康王舍人韩凭娶妻何氏，美，康王夺之。凭怨，王囚之，论为城旦。妻密遗凭书，缪其辞曰：'其雨淫淫，河大水深，日出当心。'既而王得其书，以示左右，左右莫解其意。臣苏贺对曰：'其雨淫淫，言愁且思也；河大水深，不得往来也；日出当心，心有死志也。'俄而凭乃自杀。其妻乃阴腐其衣，王与之登台，妻遂自投台，左右揽之，衣不中手而死。遗书于带曰：'王利其生，妾利其死，愿以尸骨，赐凭合葬。'王怒，弗听，使里人埋之，冢相望也。王曰：'尔夫妇相爱不已，若能使冢合，则吾弗阻也。'宿昔之间，便有大梓木生于二冢之端，旬日而大盈抱，屈体相就，根交于下，枝错于上。又有鸳鸯，雌雄各一，恒栖树上，晨夕不去，交颈悲鸣，音声感人。宋人哀之，遂号其木曰'相思树'，'相思'之名起于此也。南人谓此禽即韩凭夫妇之精魂。"

"城旦"是强制男性罪犯筑城四年的劳役，天刚亮就开始工作，故称"城旦"。

这个故事就是"相思"一词的最早来源，而这两棵梓木的状态就被称为"连理"，"理"是纹理的意思，"连理"指两棵树枝干的纹理相连交错在一起。史书中常见"木连理""木生连理"的记载，"根交于下，枝错于上"即其形象的写照。清人张贵胜在《遣愁集》中如此描述韩凭夫妇："人谓其在天为比翼鸟，在地为连理枝，在花为并蒂莲，在水为比目鱼。"

晋人嵇含《伉俪》诗中有"受以连理盘"之句，杨方《合欢诗》中亦有"饮共连理杯"之句，也就是今天所说的新婚夫妇喝交杯酒。白居易《长恨歌》中"在天愿作比翼鸟，在地愿为连理枝"的名句更是传诵千古。从此之后，人们就把成婚称作"连理"。比如五代牛希济所作《生查子》词："新月曲如眉，未有团圞（luán）意。红豆不堪看，满眼相思泪。终日劈桃穰，仁儿在心里。两朵隔墙花，早晚成连理。"

閨訓圖說

卷上十九

韓憑妻何氏

何雲梯繪

韓憑妻何氏 今河南衛府封邱人

宋康王舍人韓憑妻何氏美王欲奪之乃築青陵臺而望焉奪何因憑何作烏鵲詞以見志曰南山有鳥北山張羅烏自高飛羅當奈何又曰烏鵲雙飛不樂鳳凰妾是庶人不樂宋王又作書容夫憑得書自殺何卽陰腐其衣與王登臺遂投臺下死得遺書於帶間曰顧以屍還韓氏合葬韓王大怒令分理之兩塚相望經宿有梓木各生於塚枝連於上根交於下又有鳥如鴛鴦常雙棲其樹交頸悲鳴宋人哀之號其木曰相思樹

俞增光，晚清监生，浙江钱塘（今杭州）人。何云梯（1851—1908），清代画家，籍贯不详，生活于咸丰、光绪时期，善画仕女。《闺训图说》分上、下卷，编者俞增光称"欲为女子刊一专书"，收录历代女训事迹一百则，分为孝女类、烈女类、贞女类、贤女类、孝妇类、烈妇类、节妇类、贤妇类、贤母类、贤姑嫂类、贤嫡妾类等，一文配一图。

此图为"韩凭妻何氏"插图，描绘的是何氏与康王同登高台，伺机一跃殉情的惊悚一幕。《搜神记》中描述："其妻乃阴腐其衣，王与之登台，妻遂自投台，左右揽之，衣不中手而死。"何氏自杀之前先"腐其衣"，杜绝旁人揽衣挽救的可能，可谓冷静而决绝。康王不悔反怒，偏不令其夫妇合葬，致使二家生出连理之树。不仅是两情不渝，这个故事自始至终更鼓荡着一种不屈的意志，令人印象深刻。

希望
本来指仰望星星

　　人人都明白"希望"这个词的意思，人人也都经常使用"希望"这个词。梁启超在《少年中国说》中写道："惟思将来也，故生希望心。""希望心"是对"希望"一词的最好解释，即"希望"生于心，心中想着、盼望着要实现某种事情。

　　那么，让我们试着提问一下："希"和"望"组合在一起，为什么能够表达这个意思呢？"希望"又为什么生于心呢？

　　原来，"希"和"望"的本义都是仰望。"希"是"稀"的本字，本义为织得不密、经纬稀疏的布，引申为稀疏、稀少，物以稀为贵，因此又引申为企求，企求的样子就像踮着脚后跟引颈盼望，因此又引申为仰望、仰慕。《后汉书·赵壹传》中有"仰高希骥"的赞语，"骥"是千里马，"希骥"是仰慕千里马，正好跟"仰高"对举。因此，希，仰也，望也。

　　古时有两个"望"字：日月之望作朢，瞻望之望作望。"朢"字专用于日月之望，《说文解字》："朢，月满与日相朢，以朝君也。"许慎这是望文生义，把月望日跟臣朝君等同了起来。段玉裁曾经感叹"今则望专行而朢废矣"，因此"古文制字之义遂亡"，感叹得极有道理。

"望"既然是远望月亮,当然也是仰望,与"希"同义。远望,仰望,距离都很远,因此"希望"一词最早乃指仰望星星。西汉时成书的《周髀算经》中屡屡出现"希望"一词:"立八尺表,以绳系表颠,希望北极中大星。""复引绳希望之,首及绳致地。""此皆以绳系表颠而希望之。""则立表正南北之中央,以绳系颠,希望牵牛中央星之中。""如复以表绳,希望须女先至定中。""即以一游仪,希望牵牛中央星。"凡六例。

《周髀算经》是古代天文学"盖天说"的代表,主张"天象盖笠,地法覆盆",天空如斗笠,大地像翻扣的盆。其中的"希望"一词,是指观测星座,星座极远,当然必须仰望,恰恰符合"希望"一词的本义。因此,最早的"希望"是指仰望星座。

"希望"的词义加以引申,远望而不可即,当然只能生于心了。据《后汉书·李固传》载,李固反对外戚梁冀专权,罢免了一百多名梁冀提拔的官员,"此等既怨,又希望冀旨,遂共作飞章虚诬固罪"。飞章,报告急变或急事的奏章。这些被罢免的官员怨恨李固,又"希望"梁冀的旨意,因此共作飞章,捏造罪名诬陷李固。"希望冀旨",指心中揣测梁冀的意旨而加以迎合。

这就是"希望"一词词义的辗转演变。

《唐风图》是宋高宗、宋孝宗与马和之合作的《诗经》系列图之一，根据《诗经·国风·唐风》诗意而绘，传世作品有三本，分别收藏于辽宁省博物馆、日本京都国立博物馆、北京故宫博物院。故宫藏本裱为册页，上为楷书诗文，下为图画，凡十二开。关于此册《唐风图》是否为马和之真迹，学界有不同看法。

此幅画描绘的是《唐风·绸缪》："绸缪束薪，三星在天。今夕何夕，见此良人？子兮子兮，如此良人何？绸缪束刍，三星在隅。今夕何夕，见此邂逅？子兮子兮，如此邂逅何？绸缪束楚，三星在户。今夕何夕，见此粲者？子兮子兮，如此粲者何？"一般认为这是一首祝贺新婚的诗。"良人"指新郎；"绸缪"意为缠绕，捆束；"束薪"喻夫妇同心，情意缠绵，后成为古代婚姻礼。古时于黄昏后举行婚礼，需要燃薪照明。"三星"即参宿，主要由三颗星组成。"三星在天"与下两章"在隅""在户"是以三星移动表示时间推移，三章合起来可知婚礼从黄昏一直进行到半夜。新婚总是给人带来美好的希望，仰望星空的人心中也充满温情。

灵芝
原来有六种颜色

　　古人认为灵芝是祥瑞的象征。东汉文学家张衡在《西京赋》中吟咏道："浸石菌于重涯，濯灵芝以朱柯。"三国学者薛综注解说："石菌、灵芝，皆海中神山所有神草名，仙之所食者。浸，濯也。重涯，池边也。朱柯，芝草茎赤色也。"

　　不过，古人日常生活中的"灵芝"却并非"海中神山所有神草"，而是菌类植物的一种，也叫"木灵芝"，中医入药，有滋补作用。这种"灵芝"共有六种颜色。中国现存最早的药物学专著、成书于东汉时期的《神农本草经》将"灵芝"分为六种：

　　青芝，味酸平，主明目，补肝气，安精魂，仁恕，久食轻身不老，延年神仙，一名龙芝，生山谷；

　　赤芝，味苦平，主治胸中结，益心气，补中，增智慧，不忘，久食轻身不老，延年神仙，一名丹芝，生山谷；

　　黄芝，味甘平，主治心腹五邪，益脾气，安神，忠信和乐，久食轻身不老，延年神仙，一名金芝，生山谷；

　　白芝，味辛平，主治咳逆上气，益肺气，通利口鼻，强志意勇悍，安魄，久食轻身不老，延年神仙，一名玉芝，生山谷；

　　黑芝，味咸平，主治癃，利水道，益肾气，通九窍，聪察，久食轻身不老，延年神仙，一名玄芝，生山谷；

紫芝，味甘温，主治耳聋，利关节，保神，益精气，坚筋骨，好颜色，久食轻身不老，延年神仙，一名木芝，生山谷。

六种颜色的"灵芝"共同的特点是"久食轻身不老，延年神仙"，怪不得古人称之为"神草"。

李时珍《本草纲目》引《别录》曰："青芝生泰山，赤芝生霍山，黄芝生嵩山，白芝生华山，黑芝生常山，紫芝生高夏山谷。"其实"灵芝"并非只有这六种，还有石芝、木芝、草芝、肉芝、菌芝之分，仅草芝就有"百二十种"，各有各的奇妙之处。比如玉脂芝"生于有玉之山，状似鸟兽，色无常彩，多似山水苍玉，亦如鲜明水晶"；又如七明九光芝"生于临水石崖之间，状如盘碗，有茎蒂连缀之，此芝有七孔者名七明，九孔者名九光，夜见其光，食至七枚，七孔洞彻，一名萤火芝"。

这些神奇的"灵芝"，可惜今日都见不到了。

《餐芝图》，明代陈洪绶绘，绢本设色，天津博物馆藏。

陈洪绶（1599—1652），明末清初著名书画家、诗人。诸暨枫桥（今浙江绍兴）人。字章侯，号老莲，别号小净名，晚号老迟、悔迟，又号悔僧、云门僧。自幼师从蓝瑛。家贫性傲，恣意豪纵，不拘礼法，人称狂士。擅花鸟、山水，人物尤精妙，与北方人物画家崔子忠齐名，时称"南陈北崔"。明亡为僧，后还俗，混迹市井间，以卖画为生。

此图绘一高古之士盘膝坐在太湖石前，一手抚琴柄，一手握灵芝餐食。身后湖石玲珑，案几上器皿古雅。前面的僮子还在专心烹煮更多的灵芝。陈洪绶笔下人物大多面目奇古，躯干伟岸，衣纹圆劲，造型夸张乃至变形，线条有金石味，设色古雅，个性极为鲜明。人谓"力量气局，超拔磊落，在仇、唐之上，盖明三百年无此笔墨"（清张庚《国朝画征录》）。画中高士所餐灵芝色泽淡红偏紫，应为"紫芝"。能以大量灵芝为食，估计会令很多人艳羡了。

卤莽
原来指盐碱地上的荒草

形容人做事粗率、冒失可以称"卤莽"或"鲁莽","卤"和"鲁"固然音同可以通假,但这两个词的词源却是不一样的。

先说"莽"。《说文解字》:"莽,南昌谓犬善逐兔草中为莽。"段玉裁的《说文解字注》:"此字犬在草中,故称南昌方言说其会意之旨也。引申为卤莽。"张舜徽先生在《说文解字约注》一书中进一步解释说:"犬逐兽草中,奔突躁率,草为之乱。故今语称人之言动粗率者曰莽撞,犹卤莽也。"

这一解释固然能够讲清楚"莽"从犬从草的原因,却无法讲清楚为什么"莽"能够和"卤"一起组词。扬雄在《方言》一书中记载:"草,南楚、江、湘之间谓之莽。"因此,"莽"的本义乃是指密生的荒草或草木深邃之处,之所以用犬来会意,不过是形容荒草又密又深,犬或其他野兽在其中奔突,不容易找到路而已。《左传·哀公元年》有"暴骨如莽"的描述,杜预注解说:"草之生于广野,莽莽然,故曰草莽。"士兵的尸骨来不及掩埋,暴露在野外,就像密密麻麻的荒草一样。这才是"莽"的本义。

再说"卤",繁体字作"鹵",里面的 × 形和四个黑点像盐粒的形状,外面是盛盐的器具,因此"卤"的本义就是产盐之地。

我们都知道，盐碱地上是长不出庄稼的，只能长荒草，盐碱地上的荒草就叫作"卤莽"。扬雄所作《长杨赋》中吟咏道："夷坑谷，拔卤莽，刊山石。"李善注解说："卤莽，中生草莽也。"这是描述汉武帝出兵攻打匈奴的情形：平坑谷，拔荒草，削山石。

《庄子·则阳》中讲过一个故事："长梧封人问子牢曰：'君为政焉勿卤莽，治民焉勿灭裂。昔予为禾，耕而卤莽之，则其实亦卤莽而报予；芸而灭裂之，其实亦灭裂而报予。予来年变齐，深其耕而熟耰之，其禾蘩以滋，予终年厌飧。'"

长梧这个地方守护封疆的人对子牢说："你处理政事不要卤莽，治理百姓不要草率。过去我种庄稼，耕作很卤莽，结果收获时获得的回报很差；除草时草率，结果收获时获得的回报也很差。第二年我改变了方法，深耕细作，禾苗茂盛成长，我得以终年饱食。""熟耰（yōu）"指反复耕作。

这里的"卤莽"一词，诸家都注解是粗率或浅耕稀种，不过，我们来对比一下下文中庄子回答的一句话："故卤莽其性者，欲恶之孽，为性萑苇蒹葭。"意思是：因此对本性卤莽的，生长恶欲，就像芦苇一样遮蔽本性。"萑（huán）"、苇、蒹葭都是芦苇一类的野草，将"卤莽"与之作比，可见"卤莽"也是荒草。因此，"昔予为禾，耕而卤莽之，则其实亦卤莽而报予"的本义就应该是"过去我种庄稼，像对待荒草一样耕作，得到的收获也像荒草一样"。

由荒草而引申为荒芜、荒废，再引申为苟且、马虎，继而引申为粗疏、轻率、冒失，乃顺理成章之事。

最后说"鲁"。"鲁"的甲骨文字形是一条鲜鱼在锅中烹煮，或者也可以理解为已经烹煮完成的鲜鱼放在容器内，等待端上。因此"鲁"的本义就是鱼味鲜美，从而训为嘉美。在周公分封鲁国之前，

　　歌川国芳（1798—1861），号一勇斋、朝樱楼等，是浮世绘歌川派晚期大师之一。擅长武者绘、猫绘、鬼怪画，风格新奇大胆，构图饱满，色彩浓艳，想象力天马行空。

　　张飞，字翼德，东汉末年幽州涿郡（今河北涿州）人，三国时期蜀汉名将，刘备的左膀右臂，与关羽并称"万人敌"。在《三国演义》中，张飞生得豹头环眼，燕颔虎须，声若巨雷，势如奔马，十分威猛。同时他行事鲁莽，脾气火暴，曾因好酒贪杯误事，留下了一个"莽张飞"的绰号。经典的相声贯口《八扇屏·莽撞人》讲的就是张飞的故事。

《三国志长坂桥图》，歌川国芳绘，锦绘木版画，1852年。

这组三联画描绘的是张飞"据水断桥"的一段情节。建安十三年，曹操率大军南下荆州，刘备被迫南逃，曹操派曹纯领五千精骑一日一夜追出三百余里，双方战于当阳的长坂坡。刘备寡不敌众，抛妻弃子狼狈逃亡，令张飞率二十骑拒后。张飞据水断桥，瞋目横矛，一声大吼："我乃燕人张翼德也！谁敢与我决一死战！"其声震天，曹军尽皆失色，无敢前者。画面中张飞一人一马，立于桥上，端的是威风凛凛，杀气腾腾。相声贯口中赞他"长坂坡前救赵云，吓退曹操百万军。姓张名飞字翼德，万古流芳莽撞人"。

这片地域早就"膏壤千里",不仅陆上物产丰富,而且海产富饶,《史记·夏本纪》形容说"海物维错",郑玄注解说:"海物,海鱼也,鱼种类尤杂。"此地之所以名"鲁",正是由此而来,周武王不过是借这个现成的美称赐给周公做了国号。

但是,从春秋时期起,这个字的意思就变了,孔子曾经评价"参也鲁",说他的学生曾参很迟钝。刘熙在《释名·释州国》中总结了这个变化的原因:"鲁,鲁钝也,国多山水,民性朴鲁也。"意思就是说,鲁国多山水,限制了与外界的交往,因此"民性朴鲁",既质朴又迟钝。今天用来形容人的鲁拙、粗鲁、鲁钝等词汇都是由此而来。又因为"鲁"与"卤"音同,因此"鲁"嵌接入"卤莽"一词而写作"鲁莽"。"卤莽"是最初的词汇,而"鲁莽"则是后起的词汇。

败家子
原来语出"稗子"

"败家子"可不是傻子，几乎所有的"败家子"都很聪明，因此才会架鹰斗狗，游手好闲，不务正业，把祖宗传下来的家底抖搂个精光。

"败家子"最早写作"败子"，《韩非子·显学》中有"严家无悍虏，而慈母有败子"之语，意思是在管教严厉的家庭里，不会出现强横的奴仆，慈母反而会娇惯出败家子来。

就"败子"一词的语义，清代学者梁绍壬在《两般秋雨庵随笔》中给出了两种解释："今人呼不肖子曰败子。或曰：'败当作稗。稗所以害苗也。'《宝积经》说：'僧之无行者，譬如田中生稗子，其形不可分别也。'此说亦通。"

原来，"败子"乃是"稗子"的音讹。稗子长得很像稻子，虽然也可以食用，但是杂生稻田中，有害于稻子的生长。败家之子跟稗子的这种习性非常相似，故称"败子"。

《宝积经》的说法类似，所谓品行不端的僧人，"譬如麦田，中生稗麦，其形似麦，不可分别。尔时田夫，作如是念，谓此稗麦，尽是好麦，后见穗生，尔乃知非。如是沙门，在于众中，似是持戒有德行者。施主见时，谓尽是沙门，而彼痴人，实非沙门，是名稗沙门"。稗沙门如同麦田中的稗子，都是为害甚烈的东西，都是败

《元曲选》插图『东堂老劝破家子弟』，明代臧懋循编校，万历时期刊本，美国哈佛大学图书馆藏。

臧懋循（1550—1620），字晋叔，号顾渚山人，浙江长兴人，明代戏曲家、戏曲理论家，以编著《元曲选》而闻名。《元曲选》是一部元杂剧总集，元曲之集大成者，分为十集，共收剧一百种，又名《元人百种曲》，万历时期陆续出版，内含版画两百多幅。

这幅插图描绘的是元代秦简夫的杂剧《东堂老劝破家子弟》中的情节。该剧简称《东堂老》或《破家子弟》，写的是一个浪子回头的故事。扬州富商赵国器有个败家儿子扬州奴，赵国器临死前将儿子托付给东堂老李实。父亲死后，扬州奴更加放纵，没过多久就把家业挥霍一空，贫穷落魄，沦为乞丐。李实见他有悔改之意，便出示赵国器托孤遗嘱，将之前暗地里买下的扬州奴原有家产当面归还，告诫他要引以为训。父母爱子，为之计深远，更难得的是东堂老忠人之托，苦心劝导。扬州奴的幸运是不可复制的。

蕞尔小国
"蕞"原来指束茅草表位次

"蕞尔"虽然是一个极为生僻的词，但今天仍然在使用，而且使用的频率还比较高，通常用于以轻蔑的口吻称呼国土面积非常小、又喜欢冒犯大国的国家，比如"蕞尔小国""蕞尔小邦"。那么，"蕞"到底是什么东西？为什么可以用来比喻小国呢？

先来说"蕞"的读音。"蕞"有二音，一读 zuì，这也是今天的通用读音；一读 jué，读这个音的时候，"蕞"其实和"茷"是同一个字，自汉代起方才分道扬镳，各自表述。《说文解字》只收录了"茷"，而没有收录"蕞"。

接着来说"蕞"和"茷"的字义。《说文解字》："茷，朝会束茅表位曰茷。"也就是说，古代诸侯朝谒国君的时候，将一束捆扎好的茅草竖立在地上，用以表明各诸侯国的位次。

《国语·晋语》中有一个诸侯会盟的故事，就是这一制度的形象写照："宋之盟，楚人固请先歃。叔向谓赵文子曰：'夫霸王之势，在德不在先歃，子若能以忠信赞君，而裨诸侯之阙，歃虽在后，诸侯将载之，何争于先？若违于德而以贿成事，今虽先歃，诸侯将弃之，何欲于先？昔成王盟诸侯于岐阳，楚为荆蛮，置茅茷，设望表，与鲜卑守燎，故不与盟。今将与狎主诸侯之盟，唯有德也，子务德无争先，务德，所以服楚也。'乃先楚人。"

古人会盟，要用嘴微吸牲血或者将牲血涂抹在嘴旁，这就叫"歃（shà）"，所谓"歃血而盟"即此意。这次在宋国的会盟中，强大的楚国坚决要求领先歃血盟誓，于是才有了晋国国卿叔向对大夫赵文子的这番话，意思是说诸侯会盟，要以德行为先，没必要争先歃血。过去周成王在岐山之南与诸侯会盟，楚国还只是荆蛮小国，只能负责放置束茅，设立望表，和鲜卑共同守候庭院中的火炬，还没有资格参与会盟。而今天竟然能够和我们晋国轮流主持会盟，这就是楚国修德的结果。

"茅蕝"，三国学者韦昭注解说："蕝，谓束茅而立之，所以缩酒。"将束茅树立起来之后，从上往下浇酒，酒慢慢渗下去，就像被神灵饮尽一样，此之谓"缩酒"，"缩"是渗的意思。"望表"，韦昭注解说："谓望祭山川，立木以为表，表其位也。"遥遥地祭祀山川，竖立木杆以为标识。这些都是古人祭祀的常用方式。

《左传·昭公七年》中第一次出现了"蕞尔国"的表述。在一段对话中，郑国国卿子产谦虚地说："郑虽无腆，抑谚曰'蕞尔国'，而三世执其政柄。"意思是郑国虽然不强大，就像俗语说的"蕞尔国"，小小的国家，但也已经三代执掌国柄了。由此可知，当时已经流行把小国称作"蕞尔国"的俗谚了。

到了汉代，据《史记·刘敬叔孙通列传》载，儒生叔孙通为刘邦制订朝仪，率领学者和弟子"为绵蕞野外"。"绵"是束茅的绳子，立表为蕞，"绵蕞"就是上文所说的"置茅蕝"。司马贞索隐引如淳的注解说："翦茅树地，为纂位尊卑之次。""纂（zuǎn）"是继承之意，也就是说，"绵蕞"的目的在于标明尊卑的位次，以便后人有法可依。如何标明尊卑之次？"翦茅"也，显然是以束茅的长短不同来标明，尊者长，卑者短，因此用"蕞尔"来比喻小小的样子，最初并没有轻蔑的含义在内。

也就是从这时开始，"蕝"和"蕞"分道扬镳："蕝"专用于"绵蕝"一词，引申为制订、整顿朝仪之典；而"蕞"则专用于"蕞尔"一词，"蕞尔小国"之称即由此而来。

六龍會蘇秦掛印

《新镌陈眉公先生批评春秋列国志传》插图『六龙会苏秦挂印』，明代余邵鱼撰，陈眉公批评，万历四十三年（1615）姑苏龚绍山刊本。

　　余邵鱼，明代通俗小说作家，字畏斋，建阳（今属福建）人，生卒年不详。明嘉靖、隆庆年间，余邵鱼编撰《列国志传》（一说该书为余象斗所编），始于武王伐纣，终于秦并六国。陈眉公即陈继儒（1558—1639），明代文学家和书画家。此本《春秋列国志传》共分十二卷，每卷若干回，插图存六十幅，版画精美。

　　苏秦是战国时期著名的纵横家和谋略官。传说他与张仪同出自鬼谷子门下，跟随鬼谷子学习纵横之术。学成后游说列国，被燕文公赏识，出使赵国，提出合纵六国抗秦的战略主张，最终组建合纵联盟，担任"纵约长"，兼佩六国相印，使秦国十五年不敢出函谷关。

　　这幅插图描绘的是该书卷十一"六龙会苏秦挂印还乡"一回的情节。话说苏秦已成功游说韩、魏、燕、齐、楚，带着五国合纵许可回到赵国，赵王大喜，修书遍告各国，约定十月于洹水之上，设六龙之会。是时六国诸侯毕至，各登盟坛，序爵而坐。苏秦捧盘，六王歃血定盟。画面上赵王正在阶上迎接前来会盟的五国诸侯，立于下首奉陪的应就是苏秦。当六王于盟坛上"序爵而坐"时，应当也有"束茅表位"的程序吧。

奇人异兽

三脚猫
原来是从飞熊变化而来

　　"三脚猫"这句民间俗语有一个近义词叫"半瓶子醋",比喻对各种技艺都略知皮毛却不精通的人。这句俗语在古代中国流传开来是在元末明初,散曲作家张鸣善有小令《水仙子·讥时铺眉苫》,其中吟咏道:"铺眉苫眼早三公,裸袖揎拳享万钟。胡言乱语成时用,大纲来都是烘。说英雄谁是英雄?五眼鸡岐山鸣凤,两头蛇南阳卧龙,三脚猫渭水飞熊。"

　　"五眼鸡"即"乌眼鸡",是一种好斗的雄鸡。"岐山鸣凤"的说法出自《国语·周语》:"周之兴也,鸑鷟鸣于岐山。""鸑鷟(yuè zhuó)"是凤凰的别名,岐山是周王朝的发祥地,凤凰在岐山鸣叫,意味着周将大兴。

　　"两头蛇"又称"枳首蛇",据《尔雅·释地》记载:"中有枳首蛇焉。"郭璞注解说:"岐头蛇也。或曰:今江东呼两头蛇为越王约发,亦名弩弦。""枳(zhǐ)"即"岐","枳首蛇"即岐头蛇,也就是两头蛇,是蛇的一种,无毒,尾部圆钝,乍看之下很像另一个头,故称两头蛇,古人传说看见两头蛇即预示着死亡。"南阳卧龙"指诸葛亮。

　　"渭水飞熊"指姜太公,据《史记·齐太公世家》载:"西伯将出猎，卜之，曰：'所获非龙非螭，非虎非罴，所获霸王之辅。'于是周西伯猎，果遇太公于渭之阳。""螭（chī）"是一种无角的龙，"罴（pí）"是熊的一种。根据司马迁的记载，周文王占卜所得乃是一种"非龙非螭，非虎非罴"的动物，到了宋代话本《武王伐纣平话》中就附会姜太公"号为飞熊"，周公并赠诗一首："夜梦飞熊至殿前，果逢良将渭河边。曾因纣王行无道，扶立周家八百年。"从而坐实了姜太公"渭水飞熊"的别称。

张鸣善这个小令是讥讽时事的，意思是：装模作样的人早早就做上了三公的最高官职，好勇斗狠、蛮横无理的人享受着万钟的俸禄，胡说八道、欺世盗名之徒竟然能在社会上畅行无阻，总而言之全是胡闹。说英雄，可到底谁是英雄呢？居然把乌眼鸡当成了岐山的凤凰，把两头蛇当成了南阳的卧龙诸葛亮，把三脚猫当成了渭水飞熊姜太公！

以五眼鸡比凤凰，以枳首蛇比卧龙，以三脚猫比飞熊，可见"三脚猫"这一民间俗语确是由飞熊变化、附会而来，讥刺元末官员徒有其表。

张鸣善所写到的这三种奇异的动物，五眼鸡和枳首蛇都确实存在，而"三脚猫"一般都认为只不过是比喻而已，可是世界上竟然真的有三脚猫！明代学者郎瑛在《七修类稿》中记载了这种奇异的猫："俗以事不尽善者谓之'三脚猫'。嘉靖间，南京神乐观道士袁素居果有一枚，极善捕鼠，而走不成步，循檐上壁如飞也。道士因善篆刻，士夫多与交，吾友俞亭川亦尝亲见之也。"

这只猫大概属于变异品种，奇特的是它走不成路却善捕鼠，而且还能飞檐走壁！这只三脚猫跟俗语所说的"三脚猫"可大不一样，捕鼠的技艺极其精湛，俗语所说的"三脚猫"却一无是处，也许这只真正的三脚猫是为了抗议俗语"三脚猫"而诞生的吧。

《新刻钟伯敬先生批评封神演义》插图『文王夜梦飞熊兆』，明代许仲琳撰，明万历间金阊载阳舒文渊刊本。

　　《封神演义》又称《封神榜》，古代长篇神魔小说，一般认为作者是钟山逸叟许仲琳（生平不详），约成书于隆庆、万历年间。该书共一百回，以商末武王伐纣的历史为背景，演述了阐教、截教诸仙斗法，姜子牙封神的故事。《封神演义》的原型最早可追溯至南宋的《武王伐纣平话》，包含了大量民间传说和神话，按鲁迅先生的说法，乃"假商周之争，自写幻想"。舒文渊刊本是《封神演义》现存最早的版本，藏日本内阁文库。

　　"文王夜梦飞熊兆"为该书第二十三回，插图描绘周文王"夜梦飞熊至殿前"的情景。周文王在高高的灵台之上，伏案假寐，"时至三更，正值梦中，忽见东南一只白额猛虎，胁生双翼，望帐中扑来"。画中坐实了这只"非龙非螭，非虎非罴"的飞熊，真正如虎添翼。"三脚猫"或曾真有，而"飞熊"只能梦见了。

与虎谋皮
本来是"与狐谋皮"

　　"与虎谋皮"是指同老虎商量，要剥下它的皮，比喻跟所谋求的对象有利害冲突，绝不能成功；后来多指跟恶人商量，要他牺牲自己的利益，但一定办不到。

　　"与虎谋皮"本来写作"与狐谋皮"，也就是说，一开始跟它商量要剥下它的皮的，不是老虎，而是狐狸。这个成语出自南北朝时期前秦文学家苻朗的《苻子》一书，原书已佚，北宋大型类书《太平御览》卷二〇八中保存下了这个典故。

　　鲁侯欲以孔子为司徒，召掌握实权的"三桓"季孙氏、叔孙氏、孟孙氏三家世卿商议。还没有商议之前，鲁侯先询问双目失明的史学家左丘明："寡人欲以孔丘为司徒，而授以鲁政焉。寡人将欲询诸三子。"

　　左丘明回答道："孔丘，圣人与！夫圣人在政，过者离位焉。君虽欲谋，其罪弗合乎？"意思是说：圣人主政，犯有过失的官员就会被他贬黜。您和这些马上就会离位的官员商议，会有什么结果呢？

　　鲁侯说："您怎么这么肯定呢？"于是，左丘明讲了一个寓言故事："周人有爱裘而好珍馐，欲为千金之裘而与狐谋其皮，欲具少牢之珍而与羊谋其馐。言未卒，狐相率逃于重丘之下，羊相呼藏于深林之中，故周人十年不制一裘，五年不具一牢。何者？周人之谋失之矣。今君欲以孔丘为司徒，召三桓而议之，亦与狐谋裘与羊谋馐哉！"

周代有一个人喜欢穿皮衣、吃珍馐，想做一件千金之裘，于是去跟狐狸商量说想得到它们的皮缝制千金裘，话还未说完，狐狸吓得全都逃进了山里；又想举行用羊和猪作祭品的少牢之祭，去跟羊商量想得到它们的肉，话还未说完，羊吓得互相呼喊着隐藏进了深林。结果这人十年也没有缝制一件皮衣，五年也没有举办少牢。这是因为他找错了商量对象。如今您想让孔丘做司徒，却去跟掌权的孟孙、叔孙和季孙商议，这不就是与狐谋裘、与羊谋馐吗！

于是，鲁侯直接任命孔丘为司徒，没多久，孔子跟"三桓"的矛盾就白热化，被迫离开鲁国，开始了周游列国的生涯。

因为老虎比狐狸凶猛得多的缘故，后人于是用同音的"虎"替代了"狐"，"与狐谋皮"才变成了"与虎谋皮"。

在日本江户时代，九尾狐玉藻前的故事非常有名。白面金毛九尾狐，以变身美女、魅惑各国君王而著称。歌川国芳根据这些故事创作了一系列浮世绘版画，名为《三国妖狐图会》，描绘了狐妖在中国、印度和日本作乱的故事。中国是九尾狐故事的发源地。殷商末年，少女苏妲己被召入宫，途中入住一处驿站。深夜，伴随着一阵玄风，一只九尾狐出现在熟睡的妲己床边，它正要撩开帘子，却被侍女察觉。画面上，侍女一脸刚毅，

毫无惧色，手持匕首扑上前去。然而，九尾狐轻而易举杀死了侍女。之后，它附身妲己，魅惑纣王，断送了殷商六百年基业。

日本九尾狐的传说随着《封神榜》的传入与中国狐精故事融合，踵事增华，不断演绎，一个妖狐竟闯荡中、日、印三国。在印度，它是摩揭陀国太子的王妃华阳天；在日本，它是在鸟羽天皇宫廷作怪的绝世才女玉藻前。狐最善幻化，谁知那一身华美的金色毛皮底下，是哪一位美人？

心头鹿撞
为何用鹿来作比喻

　　"心头鹿撞"这句使用率极高的日常俗语有很多相近的说法，比如小鹿心头撞、小鹿乱撞等各种不同的组合，用来比喻惊慌或激动时心跳剧烈，不过最常用的场合还是形容男女恋爱时的心情。

　　人们时常将这句俗语挂在嘴上，但从来没有人想一想，为什么非得用"鹿"来作比喻呢？原来，这跟古人观察到的鹿的习性有关。

　　李时珍《本草纲目》引《抱朴子》曰："南山多鹿，每一雄游，牝百数至。"李时珍自己则写道："鹿性淫，一牡常交数牝，谓之聚麀。"古人称雄性的鸟兽为"牡"，称雌性的鸟兽为"牝（ pìn ）"，"麀（ yōu ）"即为牝鹿。

　　明代文学家陈继儒在《虎荟》一书中描写鹿群和老虎相遇时的情景更是生动："山中人言：凡鹿群出，则十数老雄当先，众雌从中行，又十数雄殿之，其行止一视在前之雄竖尾所向。一遇虎，则当先者皆挺其角当之，以俟众雌逸去，然后去。虎亦瞪视，无如之何。"

　　其实，并非如同李时珍总结的"鹿性淫"，鹿群的生殖繁衍就像很多动物一样，一个鹿群有一个最为强悍的霸主，到了繁殖季节，这个霸主要接受其他公鹿的挑战，逐个用角决斗。如果打败了所有挑战的公鹿，那么来年还是霸主；如果被打败了，那么新的霸主就将统治鹿群。所谓"一牡常交数牝"，不过是鹿群中公鹿霸主的特权而已。

《水浒传》第一百零一回《谋坟地阴险产逆 蹈春阳妖艳生奸》，其中描写开封府的一个小官儿王庆去春游，撞见了权臣童贯的侄女娇秀，娇秀长得十分标致，"王庆看到好处，不觉心头鹿撞，骨软筋麻，好便似雪狮子向火，霎时间酥了半边"。这里使用的"心头鹿撞"一词才最符合其本意。所谓"鹿性淫"当然是指公鹿，鹿群的霸主可以坐拥后宫，古人因此将男子蓦然撞见美女时又惊又喜、立刻就想据为己有的心情用公鹿之性淫来加以形容，正像王庆蓦然撞见娇秀时的情景一样，因此"心头鹿撞"这句俗语原本只能用在男人身上。

后人早已不解为何用鹿来作比喻，加上鹿是非常和善的动物，因此才将这句俗语亲昵化，从而出现了"小鹿心头撞"这样的变体。清人翟灏所著《通俗编》中写道："《稗编》：梁武帝相貌威严，侯景入见，出曰：'为帝迫困于斯，见之汗湿衣襟，若小鹿之触吾心头。'"引用的虽是南北朝故事，但其实是清代人的理解。侯景见梁武帝心中害怕，"若小鹿之触吾心头"的比喻不伦不类。今天把恋爱中的男女一见到对方的心情一概描述为"心头鹿撞"，也和侯景的误用一模一样。

这幅色彩浓艳的立轴描绘了鹿群嬉游憩息在斑斓的秋日枫林中。为首的是一长角雄鹿，正昂首远望，似警觉了什么，其余母鹿、幼鹿或立或卧，均作举首竖耳聆听状，虽有所警觉却也并不慌乱，意态十分生动。画中秋林层次丰富，变化妍丽，白、黄、赭、朱、绿等色彩几乎遍布满幅，色调绚丽古艳，极富装饰意味。整幅作品的韵味相当独特，明显带有异域风格。

题中"呦鹿"出自《诗经·小雅·鹿鸣》，是周王宴会群臣宾客的乐歌。"呦呦鹿鸣，食野之苹。我有嘉宾，鼓瑟吹笙。"全诗三章，皆以鹿鸣起兴，调子十分欢悦，群鹿在山谷中相鸣相呼、嬉戏觅食的情景如在目前。画中雄鹿显然是领头者，母鹿和小鹿唯其首是瞻，设若风吹草动，雄鹿示警，林中必瞬间呈现群鹿四散奔逸之状。

水獭
为何以 "獭" 为名

水獭的 "獭" 读音为 tǎ，是水栖的食鱼鼬科动物，在世界范围内分布极广，但汉语中为何将它命名为 "獭"？想必很多人都不懂这个名称的来历。究其原因，这一命名与古代中国人对水獭的一项奇特习性的误解有关，这项奇特的习性被称作 "獭祭" 或 "獭祭鱼"。

据《礼记·月令》载："孟春之月……东风解冻，蛰虫始振，鱼上冰，獭祭鱼，鸿雁来。" 孟春是春季的第一个月，即农历正月。从这个月开始，春天正式到来，有五个标志：东风解冻；藏在泥土中冬眠的虫子醒来；伏在水下的鱼儿感受到阳气，开始往水面游动，接近冰层，故称 "鱼上冰"；獭祭鱼；鸿雁从温暖的南方飞来，返回北方的旧居。

那么，什么叫 "獭祭鱼"？郑玄注解说："此时鱼肥美，獭将食之，先以祭也。" 古人观察到水獭有一种特别的习性，即水獭捕到很多鱼之后，一一陈列在岸边，就像陈列供品用于祭祀一样，故称之为 "獭祭" 或 "獭祭鱼"。其实水獭性格残忍，捕鱼能力又强，往往吃一两口就把鱼给扔掉了，并不是在祭祀，因此这只不过是古人的误解而已。

《礼记·王制》中还有这样的规定："獭祭鱼，然后虞人入泽梁；

豺祭兽，然后田猎。"虞人是掌山泽之官，同时负责天子田猎之事。古人观察到水獭一年之中两次祭鱼，一次如上所述在农历正月，一次在农历十月。同"獭祭鱼"一样，古人同样认为"豺祭兽"，豺狼也属于贪残之兽。獭祭鱼表示鱼儿肥美又多，豺祭兽表示兽类体壮而多，农历十月，出现这两种情形之后，才可以田猎，因为多的缘故，即使捕获鱼、兽，也不用担心它们被捕尽。

那么，古人为什么用"獭"这个字来为水獭命名呢？北宋学者陆佃在《埤雅》一书中解释了这个原因："獭取鲤于水裔，四方陈之，进而弗食，世谓之'祭鱼'。其字从'赖'，与豺从'才'同意。《援神契》曰：'谓多赖，故不使超扬。'赖，才也。"意思是说，豺从"才"，表明豺狼多才，很聪明，因此可以捕获很多野兽；獭从"赖"，"赖"也是才能之意，因此水獭也可以捕获很多鱼。但其实"赖"的本义是得益、赢利，水獭能捕获很多鱼，就像人能挣到很多钱一样，乃是赢利之举，因此从"赖"。《说文解字》："獭，如小狗也。"因为长得像小狗，故又从"犬"。"獭"字从犬，从赖，就是这个缘故。

《埤雅》还记载了獭祭鱼和豺祭兽的区别之处："豺祭方，獭祭圆。言豺、獭之祭，皆四面陈之，而獭圆布，豺方布。"意思是说獭祭鱼的时候，将捕获的鱼儿陈列、摆布成圆形，而豺祭兽的时候，将捕获的兽类陈列、摆布成方形。这些在今天的人们看起来不可思议的观察及其解释，恰恰反映了古人思维方式的有趣、可爱和淳朴。

因为水獭的这种习性，《埤雅》又写道："唐李商隐善属文，喜铺陈检阅，时谓之'獭祭鱼'。"晚唐著名诗人李商隐喜欢罗列典故，堆砌成文，就像"獭祭鱼"一样，因此而将这种铺排辞藻的行为谑称为"獭祭鱼"。

《唐人诗意山水册》之一，清代项穆之绘，纸本设色，北京故宫博物院藏。

　　项穆之，字莘甫，清代上元（今南京）人，擅画山水。《唐人诗意山水册》共十开，皆以唐人诗意入画，淡秀清雅。

　　此幅画的是玉溪生《夜冷》诗意。"玉溪生"即晚唐著名诗人李商隐。诗曰："树绕池宽月影多，村砧坞笛隔风萝。西亭翠被余香薄，一夜将愁向败荷。"画面构图比较特别，当中留白，为月下池塘，池上枯荷成片，被风吹动的树丛藤萝、小桥山石与一椽屋宇环绕三边。诗人独宿西亭，夜深无眠，对灯愁坐。村砧坞笛与风声月影更衬得这夜长无尽。这首诗倒没有堆砌典故，不过短短二十八字，罗列了西亭、树、池、月影、村砧、坞笛、风萝、败荷等凄清意象，足以将画面塞满，也无愧"獭祭鱼"的谑称了。

对手
为何跟"手"有关系

　　竞赛的对方和势均力敌的人都可以称作"对手"。"对手"还有个近义词"对头","对头"很好理解,头对着头当然就是像山羊一样抵架了,比如"死对头"。可是"对手"为什么跟"手"有关系呢?

　　原来,"对手"最初是指下围棋。下围棋又称"手谈",用手交谈,故称"对手"。此语出自唐人苏鹗所著笔记小说集《杜阳杂编》:"唐宣宗时大中中,日本国王子来朝,献宝器音乐,上设百戏珍馔以礼焉。王子善围棋,上敕顾师言待诏为对手。"

　　顾师言是晚唐围棋第一国手。唐宣宗大中二年(848)三月间,日本国的王子前来朝贡,酒足饭饱,王子向唐宣宗提出了一个要求,想和大唐的围棋国手较量一番。王子在日本是赫赫有名的围棋国手,为了不辱没国格,唐宣宗命令顾师言出战。

　　交战之前,日本王子拿出了日本的国宝:楸玉棋盘和冷暖玉棋子。据王子介绍,离日本国三万里远的海上有座集真岛,岛上有凝霞台,台上有手谈池,池中出产玉子,不用加工,玉子自然黑白分明,冬暖夏凉,手感特别舒适,因此称为冷暖玉。岛上更出产像楸木一样的楸玉,雕琢成棋盘,光洁可鉴。

面对这么美丽的棋盘和棋子，顾师言打起十二分精神来对付。下到第三十三手，未分胜负。顾师言生怕有辱君命，非常紧张，每一手棋都想了很久很久才敢落子，手心里的汗将玉棋子都暖热了。第三十四手，顾师言想了许久，下了一手后来被称为"镇神头"的妙招，一子解双征，两块棋都活了。这一下日本王子目瞪口呆，死死地盯着棋盘，不敢相信这一手是人能够下出来的，然后推枰认输。

比赛结束，日本王子向接待的官员询问："顾师言在贵国棋手中排名第几？"

顾师言乃是第一国手，但是为了压压日本国的气势，官员故意说顾师言是第三国手。日本王子说道："我愿见见第一国手。"官员回答道："王子胜了第三，方能见到第二，胜了第二，方能见到第一国手。"王子长长地叹息了一声，说道："小国的第一国手，不如大国的第三国手，此刻我才相信了！"

这就是"对手"一词的最早出处，专指下围棋，后来才加以引申，变成了今天广泛使用的含义。

中納言実房

み
し
ろ
夜
の
ふ
ま
に

ま
に
き
て

ゆ
き

く

峯
松
ふ
と
き
乃
風
く
ぞ
く
乃
ら

鈴木春信画

《将棋·三十六歌仙 中纳言兼辅》，铃木春信绘，锦绘木版画，约 1767—1769 年。

铃木春信（1724—1770）是日本江户时代中期代表浮世绘画家，首创多色印刷版画，即"锦绘"，以美人画最著名。作品线条干净细腻，色调柔和安静，富于诗意，自成一格，被称为"春信式"。春信笔下的女子几乎都是少女模样，手足纤巧，体态轻盈，饱满的脸颊有种天真的秀美。

"三十六歌仙"是指日本平安时代歌人藤原公任在《三十六人撰》中选辑的三十六位杰出和歌名人，中纳言兼辅（原名藤原兼辅）为其中之一。画中是一对年轻男女在下将棋（一种日本象棋），上端题写了一首藤原兼辅的和歌，大意是："短暂的夏夜渐渐过去，似乎听到高砂山峰的松风沙沙作响。"诗的原意是描绘夏夜优美的琴声。画中的扇子和蚊帐暗示夏天，地灯暗示夜晚。棋盘上棋局已至尾声，男子托腮苦想，举棋不定。他的对手斜坐一旁，手持烟管，神情关切中带点慵懒。夜已经深了呢。

荒诞
竟然是一种怪兽

　　"荒诞"一词的意思是极言其虚妄而不可信。那么，"荒"和"诞"组合在一起为什么可以表示这样的意思呢？"荒"容易理解，"诞"到底是什么东西？

　　鲜为人知的是，"诞"竟然是一种怪兽，"荒诞"一词就跟这种怪兽密切相关。

　　《隋书·经籍志》著录有"《神异经》一卷，东方朔撰，张华注"，但其实是托名东方朔的著作。这本书中记载道："西南荒中出讹兽，其状若兔，人面能言。常欺人，言东而西，言恶而善。其肉美，食之言不真矣。"

　　"讹"这种人面兔身的怪兽最大的特点就是欺骗人，如果人吃了讹兽的肉，自己也会开始说假话，古人因此组成了"讹诈"一词，形容借故敲诈。既要"借故"，当然就要用嘴说出来，用语言来敲诈对方，即"言东而西，言恶而善"。"讹"的本义即"伪言"，不真实的话。《诗经·小雅·沔水》中有这样的诗句："民之讹言，宁莫之惩。"诗人感叹民间谣言乱飞，却没有人来制止。"讹"还有更强悍的解释，即常常跟"妖"联系在一起："世以妖言为讹。""妖讹横兴。"在这样的例子中，"讹"的语感就更重了。这个"妖"

就令人联想起讹兽。

《神异经》还说讹兽"一名诞",还有一个名字叫"诞",那么毫无疑问,"诞"的本义也是说大话。《说文解字》中讲道:"诞,词诞也。"即说大话,言词虚妄不实。人们既然用"讹"组成了"讹诈"一词,顺理成章地也就用"讹"的别名"诞"组成了"荒诞"一词,意为西南荒中的诞兽。这种爱说大话的诞兽本来谁都没见过,因此不光诞兽的话不可信,连"诞"这种怪兽的存在也是极其虚妄而不可信啊!

李白在《大猎赋》中吟咏道:"哂穆王之荒诞,歌白云之西母。"据《穆天子传》记载,周穆王西征昆仑丘,会见西王母,并作白云之歌,李白认为此事实属荒诞。西王母正是居住在西荒,诞兽出没之地,李白以此作比嘲讽,真是妥帖!

《怪奇鸟兽图卷》（局部），日本佚名绘，纸本设色长卷，日本成城大学图书馆藏。

《怪奇鸟兽图卷》作者不详，大约绘制于日本江户时代。整卷描绘了76种形态各异的奇鸟怪兽，包括鸟类30种，兽类46种，形象大多以明清时期的《山海经》图为蓝本，彩绘细致，每图皆有墨书的鸟兽名称，并附有草书的简短说明。中国的《山海经》大约在唐代或更早就传入了日本，不过《山海经》中的珍禽异兽并没有在日本民间广为流布，鸟山石燕绘《百鬼夜行》系列，其中来自中国的妖怪占比不足十分之一。

这一段画面描绘了三种怪兽。"奢尸"，即"奢比尸"，《山海经》谓其"兽身，人面，大耳，珥两青蛇"。"神魃"，据《神异经·南荒经》载："南方有人，长二三尺，袒身而目在顶上，走行如风，名曰魃，所之国大旱。"清代文学家袁枚所著《子不语》载："猱形披发一足行者，为兽魃。"此图更似"兽魃"。"强良"，《山海经·大荒北经》载："有神，衔蛇操蛇，其状虎首人身，四蹄长肘，名曰强良。"（本书《"强梁"原来是食鬼之神》一篇有对"强良"这一怪兽的详细介绍。）

图中没有"荒诞"这种怪兽，不过我们可以根据画面中的三种形象想象它的样子。它人脸兔身，能说会道，喜骗人，可见十分聪明，大概面容姣好，更接近图中"奢比尸"的模样吧。

扛鼎
到底怎么 "扛"

　　"扛鼎之作"比喻非常有分量的作品，"鼎"乃国之重器，随随便便就能"扛"起，那该有多大的力气！因此"扛鼎"比喻有大才，能堪重任。那么，"扛鼎"到底是怎么"扛"的呢？

　　有的读者朋友一定会觉得这个问题很幼稚，"扛鼎"就是用肩膀扛起来呗！让我们重温一下《史记·项羽本纪》中对青年项羽的描述："籍长八尺余，力能扛鼎，才气过人，虽吴中子弟皆已惮籍矣。"被吴中子弟忌惮的项羽奋力用肩膀扛起了鼎，这个画面怎么想怎么可笑，力气如此之大，竟然还要借用肩膀，怎能服众？

　　原来，"扛鼎"的"扛"不读 káng，而是读 gāng。《说文解字》："扛，横关对举也。"什么叫"横关对举"？段玉裁《说文解字注》进一步解释说："以木横持门户曰关，凡大物而两手对举之曰扛。项羽力能扛鼎，谓鼎有鼏，以木横贯鼎耳而举其两端也。即无横木而两手举之亦曰扛，即两人以横木对举一物亦曰扛。""鼏（mì）"是鼎盖，有鼎盖就有鼎耳，用木头横贯鼎耳举起来才叫"扛鼎"。试想一下，两手举起鼎和用肩膀扛起鼎这两种方式，哪一种更能表现出项羽"力拔山兮"的气势呢？毫无疑问是两手举鼎，而且两手举鼎也要比用肩膀扛起鼎更有美感。

南朝齐文学家王融在《三月三日曲水诗序》中吟咏道："影摇武猛，扛鼎揭旗之士。""揭"的本义是高举，"揭旗"和"扛鼎"并列而言，当然也都是高举的意思。

《历代画像传》第二册『孟贲』，清代丁善长绘，光绪二十二年（1896）刻本，台北故宫博物院藏。

丁善长（约1860—1902），字心臣，号莲峰，清末书画家，山东潍县人。精于绘事，尤善人物佛像，笔法宗清代巨匠张士保。《历代画像传》为丁氏自刻本，共四册，由丁善长绘像，王寿伟撰写传略，共收中国历代名贤、君臣、闺媛、仙佛等各类人物版画130幅，刻印精美。

孟贲是战国时期著名的勇士，卫国人（一说齐国人）。据说他天生神力，水行不避蛟龙，陆行不避虎狼，能生拔牛角。因秦武王喜勇士，孟贲便入秦投奔武王。公元前307年，秦武王到东周国都洛阳观看九龙神鼎，兴致大发，便与手下勇士比赛举鼎。孟贲手抓鼎耳，奋力将鼎举离地面。而武王却用力过猛，折断了胫骨。是年八月，武王因伤势过重去世，孟贲因此被秦国灭族。《史记》说他"勇焉而死"。画面上孟贲正在举鼎，他咬牙瞪目，五官扭曲，肌肉凸起，显然已用尽全力，而神鼎离地不过尺许。倘若加上横木来"扛鼎"，会不会容易些呢？

孟賁

龟缩
原来不仅仅指龟缩头

今天日常用语中的"龟缩"一词，又叫"龟缩头"，比喻胆小怕事，遇到危险的时候，就像乌龟一样把头藏进甲壳里面。但此词起源很晚，宋人胡继宗所辑、对儿童进行初步文学教育的类书《书言故事大全》"水族类"中写道："不强出头曰缩头。唐诗：万事如今龟缩头。"

"龟缩头"一词虽然极为形象，但乌龟受惊时候的样子，却并非仅仅缩头，而是将头、尾和四肢全都缩进甲壳之中。因此我认为晚出的"龟缩头"或"龟缩"一词来源于古代的一个特定词汇"龟藏六"。

需要说明的是，汉语中尚有"龟藏"这一用语，特指将占卜所用的龟甲珍藏起来。《史记·龟策列传》载："略闻夏殷欲卜者，乃取蓍龟，已则弃去之，以为龟藏则不灵，蓍久则不神。至周室之卜官，常宝藏蓍龟。""蓍（shī）"是占卜所用的蓍草。夏代和殷代认为久藏的龟甲不灵，久存的蓍草不神；而周代的占卜之官则习惯于宝藏蓍草和龟甲。"龟藏"一词乃是特指，跟"龟藏六"完全不同。

"龟藏六"一词出自南朝刘宋时期天竺僧求那跋陀罗所译《杂

阿含经》卷四十三中的一个有趣的故事:"尔时,世尊告诸比丘:'过去世时有河中草,有龟于中住止。时,有野干饥行觅食,遥见龟虫,疾来捉取。龟虫见来,即便藏六,野干守伺,冀出头足,欲取食之。久守,龟虫永不出头,亦不出足,野干饥乏,嗔恚而去。'"

"野干"又称"射(yè)干",似狐而小,形色青黄,如狗群行,夜鸣如狼,善于攀援高树。碰到野干这种怪兽,乌龟立刻"藏六",将头、尾和四肢统统缩进甲壳之中,再不出头。世尊用"龟藏六"来比喻人的眼、耳、鼻、舌、身、意六根,六根如果脱出,恶魔就无法乘虚而入,"犹如龟虫,野干不得其便"。

"龟藏六"本为避害,因此后人用来比喻人的才智不外露,以免招嫉惹祸。不过"龟藏六"中龟头最长,缩进甲壳的速度也最快,最为引人注目,因此后人将拗口的"龟藏六"改称为更朗朗上口的"龟缩头"或"龟缩"一词,这个词也从一个中性词变成了贬义词。

《艳中八仙 卢敖 丁子屋内 美作山》，喜多川歌麿绘，锦绘木版画，约1793—1794年。

喜多川歌麿（1753—1806）活跃于浮世绘黄金时期,这是他的一组"见立绘"之一。"见立绘"是浮世绘的一种流派,借用古典题材,以当世的人物、背景表达历史传说故事及和歌的意境。题材当中包含许多来自中国的故事、传说,如《水浒传》、《三国志》、五行、八仙、二十四孝等。这幅作品借用了中国历史人物"卢敖"的名目和传说,描绘丁子屋（一家著名的商号）的女侍美作山的姿容。

卢敖为齐国（一说燕国）方士,秦始皇召以为博士,使求神仙。《淮南子·道应训》记载了一个寓言故事,说卢敖游于北海,见一人逃匿于碑阴,踞龟上而食蛤蜊。卢敖说自己周行四极,欲与他交友同游。这人听后,露齿而笑："吾与汗漫期于九垓之外,吾不可以久驻!"说着纵身跳入云中。此画戏拟这一段故事,不过踞坐龟上的人换成了美作山扮的卢敖。

传说卢敖见秦始皇失道,遂逃亡隐遁,居于故山。始皇大怒,下令搜捕,终因未得而作罢。故山后来改名卢山,山前有卢山洞,内置卢敖像。卢敖靠"龟缩"于山洞躲过一劫,但秦始皇盛怒之下将四百六十余名术士坑杀于咸阳,是谓"坑儒"事件。

长舌妇
最早指哪个女人

爱说闲话、喜欢搬弄是非的女人俗称"长舌妇"。其实长舌的未必都是妇人，很多男人的舌头也很长，为什么偏偏把火力集中在女人身上呢？

这句俗语的源头单指一人，这个人是个女人，叫作褒姒（sì），她是周幽王的宠妾，也是历史上著名的"烽火戏诸侯"的女主角。《诗经·大雅·瞻卬（áng）》是一首讽刺周幽王只知道宠幸褒姒却斥逐贤良的诗，其中吟咏道："妇有长舌，维厉之阶。乱匪降自天，生自妇人。"意思是有个妇人长了个长舌头，这是灾祸的根源。大乱不是从天而降，而是这个妇人制造的。这当然是在古代社会中流行的"女人祸水"论的写照。

诗中的"妇"特指褒姒。从这首诗发源，"长舌妇"这一俗语流传开来。不过可悲的是，这首诗仅仅指褒姒一人是"长舌妇"，后人却把它作为一种通称。

古时有遗弃妻子的七种条款：不顺父母者，无子者，淫僻者，嫉妒者，恶疾者，多口舌者，窃盗者。"多口舌者"就是长舌妇，长舌妇的命运就是被休，可是，如果该长舌妇的老公也是个长舌男呢？

西汉焦延寿所作《焦氏易林》中两次写道："尹氏伯奇，父子生离。无罪被辜，长舌所为。""尹氏伯奇，父子生离。无罪被辜，长舌为灾。"

这是一个著名的长舌妇的故事。据《乐府诗集》引东汉蔡邕《琴操》中说："《履霜操》，尹吉甫之子伯奇所作也。伯奇无罪，为后母谮而见逐，乃集芰荷以为衣，采楟花以为食。晨朝履霜，自伤见放，于是援琴鼓之而作此操。曲终，投河而死。"

伯奇"援琴鼓之"而作的歌是："履朝霜兮采晨寒，考不明其心兮听谗言。孤恩别离兮摧肺肝。何辜皇天兮遭斯愆（qiān，罪过），痛殁不同兮恩有偏，谁说顾兮知我冤。"

《世说新语·言语》刘孝标注引《琴操》还有此后的情节："宣王出游，吉甫从，伯奇乃作歌，以言感之。宣王闻之曰：'此孝子之辞也。'吉甫乃求伯奇于野，而射杀后妻。"

从"长舌妇"这个俗语可以看出中国古代男尊女卑的传统思想，类似的俗语还有"头发长见识短"，都是对女性的偏见。

　　杨洲周延（1838—1912），日本江户后期至明治时期浮世绘知名画家，擅长美人绘、役者绘，因描绘穿着"洋服"的明治美女和德川幕府大奥内女性的作品而广受欢迎。"东绘昼夜竞"系列作品创作于明治十九年（1886），以各种历史事件、传说和妖怪故事为主题，色调妖艳，构图饱满，有强烈的临场感。

　　此幅画的是江户三大传说之一的玉藻前的故事。玉藻前是由白面金毛九尾狐变化而成的绝世美女，在平安时代末期出现，以博学和美貌迷惑了鸟羽上皇，成为宠姬。不过阴阳师安倍泰成识破了她的原形，她逃出宫后被追兵射杀，死后化为下野国那须野原的杀生石。画面用夸张的构图描绘了玉藻前身份被揭露的场景，上面的小框画则描绘了九尾狐之死，两个场景以昼夜区分。放射状的金色光线如同阴阳师的法诀，令妖狐无所遁形。

　　在日本早期传说中，玉藻前只是一个本土狐精，后来受中国文化影响，逐渐与中国的奸妃相结合，有的作品说她是妲己，有的作品说她是褒姒。发展到江户时代，九尾狐竟凭借幻化的本领惑乱中、日、印三国君主，真是艳名远播。

赝品
"赝"竟然跟家鹅有关

　　"赝品"一词通常指假货，尤其指伪造的文物或伪托原作的书画，以假充真，用来行骗。但这个称谓中的"赝"字到底是怎么造出来的，又为何能指称这样的义项，是一个非常有趣的问题。

　　起初，在古代动物分类学中，"雁"和"鴈"分指不同的禽类。简单地说："野曰雁，家曰鹅。""雁"为野生的鸿雁、大雁、野鹅，"鴈"为驯养的舒雁、家雁、家鹅。"舒雁"之"舒"，描述的正是被驯化后与人类共同生活的家鹅的形态特征：行为舒迟，从容不迫，迥异于野生动物对人类的警惕。

　　不过"雁"和"鴈"的这种区别早就混淆了。

　　周代有"六挚"之礼，即相见时馈赠的六种礼物。《周礼·春官·大宗伯》载："以禽作六挚，以等诸臣。"用禽类作见面礼，以区别诸臣的等级。

　　"六挚"分别为："孤执皮帛，卿执羔，大夫执鴈，士执雉，庶人执鹜，工商执鸡。"诸侯国的国君自称"孤"，"皮帛"指以虎豹之皮作为装饰的丝织品，用皮帛作见面礼；卿用小羊作见面礼；大夫用鴈作见面礼；"雉"是野鸡，士用野鸡作见面礼；"鹜"是野鸭，"庶人"指没有官爵的平民，用野鸭作见面礼；从事工商之人用鸡作见面礼。

其中"大夫执雁",郑玄注解说:"雁,取其候时而行。"显然指的是作为候鸟的大雁,而不是家鹅。

《仪礼·士昏礼》载:"纳采用雁。""纳采"指定亲时男方送聘礼给女方,这个聘礼就是"雁"。郑玄注解说:"用雁为挚者,取其顺阴阳往来。"指的同样是候鸟"顺阴阳往来"的特征,而不是指家鹅。可见"雁"和"雁"早就混用了。

不过,野生之"雁"不易得,而家养之"雁"易得,家鹅因此而有假雁之义,引申指伪造之物。《韩非子·说林下》记载了一个故事:"齐伐鲁,索谗鼎,鲁以其雁往。齐人曰:'雁也。'鲁人曰:'真也。'""谗鼎"乃鲁国重器,当然不可能随随便便就供献给齐国,因此伪造了一尊鼎送给齐国,这尊伪造的鼎就称作"雁"。

于是后人为区别于动物之"雁"和"雁",为"雁"加了一个表示钱财和贸易商品的"贝",造出"赝"字,专指伪造之物,又演变为今天使用的"赝品"之"赝(赝)"。

马远，生卒年不详，字遥父，号钦山，河中（今山西永济）人，出身于"一门五世皆画手"的绘画世家，善画山水、人物、花鸟，尤以山水见长，师法李唐，笔力劲健，设色清润。马远喜绘"边角之景"，被称为"马一角"，与素有"夏半边"之称的画家夏圭合称"马夏"，又与夏圭、李唐、刘松年并称为"南宋四大家"。

晋代大书法家王羲之爱鹅成癖，举世皆知。他观鹅舞颈而妙悟书法之道，曾写《道德经》与山阴道士换鹅。宋元以来以羲之观鹅为主题的画作屡见不鲜。此轴绘王羲之倚松而坐，观莲渚中两只白鹅戏水。他头戴折巾，手执六角扇，褒衣博带，悠闲松散，一童子执拭巾立于其后。曲槛四周，芳草满地。池中白鹅，一垂头呷浪，一引颈而歌。引颈者似与王羲之目光相接，令画面趣味盎然。

本幅无名款，旧题为马远所作，然而无论技法、设色均与马远不同，大约是明代画家作品。古代无款书画，往往伪托名家，倒也不能以"赝品"视之。

顶缸
为何比喻代人受过

　　"顶缸"这句俗语的意思是，本来不是自己的错，却要代人受过或者代人承担责任。为什么头上顶个缸就可以代人受过呢？

　　明代藏书家郎瑛《七修类稿》中有"吃苦称冤"一条，十分有趣："祷雨用蜥蜴，以其能致雨也。宋熙宁间旱，令捕蜥蜴，一时无获，多以壁虎代送官府，民谣有'壁虎壁虎，你好吃苦'之说。国初，大江之岸常崩，人言下有猪婆龙也，一时恐犯国姓之音，对上只言下有鼋也。太祖恶与元同音，令捕殆尽，时亦有'癞鼋癞鼋，何不称冤'。呜呼！世受诬而被害者，不知其几鼋与壁虎哉，孰得与雷霆抗哉？"

　　猪婆龙即今扬子鳄，学名叫"鼍（tuó）"，也叫鼍龙，民间俗称猪婆龙。"猪"与朱元璋之"朱"同音，没人敢说猪婆龙其名，于是就找了一种跟猪婆龙长得很像的鳖类动物"鼋（yuán）"来代替，因为朱元璋讨厌大元之"元"。

　　万历年间文学家江盈科所著《雪涛小说》有"嫁祸"一条，更是详细描述了捕鼋的方法："金陵上清河一带善崩，太祖患之。皆曰：'猪婆龙窟其下，故尔。'时工部欲闻于上，然疑猪犯国姓，辄驾称大鼋为害，上恶其同元字，因命渔者捕之，杀鼋几尽。先是渔人用香饵引鼋，鼋凡数百斤，一受钓，以前两爪据沙，深入尺许，百人引之不能出。一老渔谙鼋性，命于其受钓时，用穿底缸，从纶贯下，覆鼋面，鼋用前爪搔缸，不复据沙，引之遂出。金陵人乃作语曰：'猪婆龙为殃，赖头鼋顶缸。'言嫁祸也。"

"鼋"俗称癞头鼋，力气奇大，两爪深入沙中，百人都拽不出来。老渔人给出的办法是：用钓鱼竿上的线将一个穿底的缸贯下，正好覆在癞头鼋的脸上，癞头鼋用前爪去推缸，上面的人趁势收钩，一下子就钓了出来。时人创作了一首民谣来形容这个场景："猪婆龙为殃，癞头鼋顶缸。"

不过，元杂剧《包待制陈州粜米》第四折中早就出现了"顶缸"这个俗语："你不知道，我是雇将来的顶缸外郎。"可见"顶缸"之语并非源自明代。顾学颉先生在《元曲释词》中解释说："顶缸，当时谚语，有顶替、顶缺、代人受过等意。'缸'乃'缺'字之讹，讥认别字者，呼'缸'为'缺'，或以'缸'为'缺'，后遂相沿成为诨语。"此说缺乏文献支持，属于臆测。

傅憎享先生在《金瓶梅隐语揭秘》一书中引《金瓶梅词话》"自瞒我一个儿，把我合在缸底下""合在缸底一般，怎么晓得"等语，总结道："'顶缸'一词，始造语者当非文人，也并非为上讳，而是根源于民俗。俗以为，鼋鳖类动物善沙遁，捕后须合在缸下。缸为沙土烧制，以缸合则与大地浑然一体，无隙可逃。"此说最具说服力，也符合上述以鼋代猪婆龙的民间传说。

《元曲选》插图「包待制陈州粜米」，明代臧懋循编校，万历时期刊本，美国哈佛大学图书馆藏。

《包待制陈州粜米》一剧收于《元曲选》甲集·上，元代无名氏所撰，共四折，是元代公案剧中最优秀的作品之一。话说陈州大旱三年，颗粒无收，几乎到了人吃人的地步。被派去开仓粜米的小衙内刘得中与杨金吾却乘机私改米价，盘剥百姓，大发其财，并仗势欺人，用敕赐紫金锤打死了与他们辩理的张懒古。张懒古之子小懒古寻包拯告状，包拯微服私访，探明了事情真相，处决了贪官。

插图所描绘的情节出自该剧第三折。包拯扮成庄稼老汉进行私访，路遇妓女王粉莲，得知了刘得中和杨金吾的恶行。此时刘、杨二人到十里长亭去接包拯，却扑了个空，便与粉莲在接官厅饮酒作乐，因被包拯所扮老汉惹恼，将他吊在了老槐树上。好在后来包拯随从张千及时赶到将他救下。

那个"顶缸外郎"出现在第三折，是个只有几句道白的小人物，在州衙管文卷，居然大字不识一个。由此也可见陈州衙门腐败到了何种程度。

狡猾
本来是一项罪名

　　"狡猾"是什么意思不用再解释了，人人都明白。"狡猾"还有一个同义词"狡狯"，一并在本文中详加解释。

　　"狡"的本义是小狗，《说文解字》："狡，少狗也……匈奴地有狡犬，巨口而黑身。"不过，《山海经·西山经》中有不同的说法："有兽焉，其状如犬而豹文，其角如牛，其名曰狡，其音如吠犬，见则其国大穰。""穰（ráng）"指丰收，据此则"狡"乃瑞兽。

　　"狯（kuài）"的本义就是今天说的狡猾，不过"狯"含有诡计多端但是又容易败露的意思。

　　"猾"的本义是乱，比如"蛮夷猾夏"，蛮夷扰乱中原。扬雄所著《方言》中说："凡小儿多诈而狯……或谓之猾。"明人张自烈所著《正字通》中记载了一种海兽的名字叫"猾"："海兽名猾，无骨，入虎口，虎不能噬，处虎腹中，自内啮之。"

　　《荀子·非十二子》在罗列了一系列应该做到的道德准则之后议论道："如是，而不服者，则可谓妖怪狡猾之人矣，虽则子弟之中，刑及之而宜。"可见"狡猾"之罪已进入法律范畴。汉代屡屡出现"狡猾不道"的律令用语，指一项罪名。

那么，什么是"狡猾"罪？学者贾丽英在《"狡猾"罪论》一文中总结说："'狡猾'之罪为汉代罪名，是指惑主乱政，营私舞弊，或为脱己之罪而诬告他人等具有'诡诈性'的犯罪行为。同时，由于'狡猾'定罪的模糊性，至三国时期，随着刑法立法技术的进步，此罪被更加具体而量化的条文所替代。至此，'狡猾'之罪从刑法典中消失了。"

罪名模糊、不易操作的特点恰恰符合"狡猾"这个俗语的语义：狡猾的家伙看起来很坏，可是又滑得像条泥鳅，抓不住他的罪名。

"狡"既然指小狗，那么"狡狯"顺理成章地就跟小儿有关。"狡狯"最早是指小儿游戏，北宋大型类书《太平广记》卷三百六十引曹丕《列异传》："北地傅尚书小女，尝拆荻作鼠，以狡狯，放地，荻鼠忽能行，径入户限土中。又拆荻更作，咒之云：'汝若为家怪者，当更行，不者不动。'放地，便复行如前，即掘限内觅，入地数尺，了无所见。后诸女相继丧亡。""荻"是芦苇。这种用芦苇编成的小老鼠居然能跑动，傅尚书的小女儿真是心灵手巧。

《南史·齐废帝郁林王本纪》载："与群小共作诸鄙亵掷涂赌跳、放鹰走狗杂狡狯。"显然，这里的"狡狯"也是指游戏。

陆游曾经写过一首《示子遹》的诗，其中有"诗为六艺一，岂用资狡狯"之语，自注道："晋人谓戏为狡狯，今闽语尚尔。"从这些早期含义中，"狡猾"和"狡狯"才慢慢引申出今天的语义，即诡诈多端。

《恶作剧的男孩》，锦绘木版画，1873 年后。

此画未署绘者名，出自日本明治六年起由文部省制作发行的一组"教育锦绘"，由歌川派浮世绘师二代歌川国辉等人绘制。文部省是曾经存在的日本中央省厅之一，管辖教育、文化、学术等，2001 年起与科学技术厅合并成新的文部科学省。明治初期，日本的教育体系开始向现代教育改革。这组锦绘是为了帮助学龄前儿童家庭教育而发行的，涵盖幼儿的衣食住行、文化、体育、玩具、伦理、道德等主题。

这幅《恶作剧的男孩》（狡戯をなす童男）是用作反面教材的，训诫幼儿此种行为不可取。"狡"字在日语中有狡猾、贪婪、自私自利等含义，"狡童"指狡黠的孩子，此处"狡戏"指恶作剧。三个淘气的男孩正在院子里掏房檐下巢中的幼鸟作乐，的确是危险又恶劣的行为。母亲从窗内看到定是要喝止的。

猪头
原来是祭祀的敬供

　　网络上把"猪头"的称谓归于网络新词，用一种亲昵的口吻讥讽对方蠢笨。其实不然，"猪头"之称在吴语中早就存在，全称即为"猪头三"。

　　至于"猪头三"的语源，各种上海话辞典都认为来自"猪头三牲"，三牲指祭祀时所用的猪、鸡、鱼，以猪为首，故称"猪头三牲"。当这个称谓转变为詈词的时候，吴语中省去了最后一个字"牲"，采用歇后语的形式，用"猪头三"来歇后"牲"，骂人是"畜牲"，再后来泛指蠢笨之人。也有人认为"牲"和"生"的读音相同，上海话中因此用来形容那些刚刚来到上海，对城市生活陌生的乡下人。

　　香港俗语中亦有"猪头丙"的称谓，同样是骂人呆笨。专攻本土风俗掌故的香港学者吴昊在《港式广府话研究》一书中写道："原来上海人骂初来之陌生人做'猪头三'，系取'猪头三牲'之意……'猪头三'的'三'，相当于甲、乙、丙的'丙'（排行第三），顺理成章变出个'猪头丙'了。"

　　"猪头三——牲"，吴语中的这个詈词可谓是"缩脚韵"的典型体现。所谓"缩脚韵"，是指将惯用语或俗语的最后一个字藏起来，只用前面的几个字来暗指最后一个字。因此，"猪头三"这一詈词可谓极富创造性。

据《礼记·王制》载："天子社稷皆太牢，诸侯社稷皆少牢。""社稷"指土地神和谷神，用作国家的代称；"太牢"指牛、羊、豕（猪）三牲具备，为天子祭祀所专用；"少牢"指只用羊、豕二牲，为诸侯祭祀所用。牛、羊、豕具备又俗称"大三牲"。太牢、少牢为天子和诸侯祭祀所用，一般的平民百姓是用不起的，但平民百姓也要祭祀自己的先祖，于是后来就发展出"小三牲"，即猪、鸡、鱼，这"小三牲"都是常见而且易于得到的家畜、家禽和水产品。

晚清学者平步青所著《霞外捃屑》卷十中有"猪头"一条，开头就写道："越俗祀神以猪头为敬。"这一祀神习俗其来有自，据《周礼》记载，周代有掌祭祀的"小子"一职，职责之一是"掌珥于社稷，祈于五祀"。"珥"通"衈（ěr）"，指祭礼前杀牲取血，涂在器物上面，向五种神祇祈福。东汉学者、大司农郑众注解说："珥社稷，以牲头祭也。"唐代学者贾公彦注解说："汉时祈祷，有牲头祭。"可见汉代时有用祭牲的头祭祀的习俗，后世有"晴吃羊头雨吃猪头"的民间谚语，即由此而来。

其实不仅汉代才有牲头祭，秦、汉以前就已经有了。据《礼记·郊特牲》载："用牲于庭，升首于室。"在庭院中杀牲，然后将祭牲的头挂在朝北的窗下。郑玄注解说："升牲首于北墉下，尊首尚气也。"古人认为头属阳，因此要将牲头挂在朝北的窗下，以报阳气。

牲头祭当然也包括猪头，因此正如平步青所说，"越俗祀神以猪头为敬"。清代学者翟灏所著《通俗编》中写道："今人只用牲头，盖沿珥祭之制。"也呼应了平步青的记载。

民间歇后语有"庙里的猪头——是有主的"，甘肃俗语也有"猪头提上寻不着庙门"等说法，这里的庙不是指寺庙，而是指祭祀的宗庙或家庙，"猪头"即为献供所用。

综上所述，猪头本是祭祀的敬供之礼，竟然被吴人当作詈词来使用，从中不仅可以看到吴人的智慧和创造性，同时也表明猪的地位在民间早已下降到被人调侃的地步。而今人流行的"猪头"称谓，当然是从"猪头三"省略而来，今人但知其形容蠢笨，却早就不明白用它来形容蠢笨的缘故了。

仇英（约 1494—1552），字实父，号十洲，江苏太仓（今江苏苏州）人。初曾为漆工，后从周臣学画，兼擅多能，为明四大家之一。

《帝王道统万年图》共二十幅，描绘从伏羲氏至宋仁宗等明主事迹，对幅有顾可学题记。顾可学（1482—1560），字与成，号惠岩，靠方术获得皇帝眷顾，《明史》把他置于《佞幸传》。此册应是仇英应顾氏请托而绘，用以进献朝廷，求得仕进。全册下笔精熟，赋青绿重彩，间或掺用泥金钩边，华丽细腻。

此幅描绘的是汉高祖太牢祀孔的历史典故。公元前 195 年 11 月，汉高祖刘邦经过曲阜，以太牢祭祀孔子，并诏诸侯、公、卿、将、相至郡，先谒庙而后从政，开历代帝王祭孔之先河。他还封孔子八世孙孔腾为奉祀君，专事祭祀之事。从汉高祖到清高宗的一千七百年间，先后有十二位帝王往孔庙祭祀，留下碑文。

"太牢"即牛、羊、豕（猪）三牲具备。画面上汉高祖正在行祭拜礼，前面朱红供案上摆着硕大粉色的猪头、羊头、牛头。这个祭祀规格可比肩社稷神。

猩红
跟猩猩有关系吗

"猩红"是一种颜色，即鲜红色。为什么用"猩"来命名这种鲜红的色彩呢？难道跟猩猩这种动物有关系？答案是：的确跟猩猩有关系。

在古人心目中，猩猩是一种神奇的动物。综合各种古籍，可以知道古人对猩猩特性的综合认识：猩猩会说话，会笑，会像小孩儿一样啼叫；猩猩知道未来的事情；猩猩知道人叫什么名字；猩猩喜欢饮酒，因此喝醉了才会被人捉住；猩猩最好吃的部位是它的嘴唇。这些特性在今天看来简直匪夷所思，也许那时候的猩猩跟人的差距比现在要小很多吧。

"猩红"最早是蜀人对色彩的称呼。东晋常璩（qú）撰写的巴蜀史志《华阳国志》载："猩猩兽，能言，其血可以染朱罽。""罽（jì）"是羊毛织物，后泛指毛织物。用猩猩的鲜血染成的"罽"叫朱罽，"朱"就是大红色，是古代五种正色（青、赤、黄、白、黑）之一。可见，正因为猩猩的鲜血染出的色彩恰是正色之一的"朱"，蜀人才使用它的鲜血染织，并且把朱罽的颜色命名为"猩红"。

无独有偶，唐人段成式《酉阳杂俎》载狒狒"血可染绯"。"绯"也是红色，当然也就是正色，古代的红色官服叫作"绯衣"或"绯袍"。

至唐代末年，猩红色已经通用，全唐诗中就有许多描写。比如名妓赵鸾鸾《纤指》："纤纤软玉削春葱，长在香罗翠袖中。昨日琵琶弦索上，分明满甲染猩红。"韦庄《乞彩笺歌》："留得溪头瑟瑟波，泼成纸上猩猩色。"韩偓《已凉》："碧阑干外绣帘垂，猩色屏风画折枝。"徐夤《荔枝》："何人刺出猩猩血，深染罗纹遍壳鲜。"李中《红花》："红花颜色掩千花，任是猩猩血未加。"南宋陆游《花下小酌》也使用了猩红这一色彩词："柳色初深燕子回，猩红千点海棠开。"

"猩红"的色彩定型之后，人们开始用"猩红"作为色谱。李时珍《本草纲目》把银朱这种矿物的色相比附为猩红，故银朱别称猩红。

有趣的是，美国汉学家谢弗在其名著《唐代的外来文明》中猜测猩红是提炼于胭脂虫的颜色。胭脂虫原产于墨西哥和中美洲，这种虫子提炼出的红色是天然的染料，早在唐代之前就经由丝绸之路传入中国。谢弗的猜测有一定的道理，可是他却解释不了为什么胭脂虫的红色称为"猩红"。

《当世美人合 踊师匠》，歌川国贞（香蝶楼国贞）绘，锦绘木版画，约 1827 年。

歌川国贞（1786—1865）是江户时代末期最受欢迎的浮世绘师之一。他继承了老师歌川丰国的画号，称为"三代丰国"，号一雄斋、五渡亭、香蝶楼等。歌川国贞很长寿，影响巨大，以艳丽的美人画、生动的歌舞伎演员画著称。

"踊师匠"指教授歌舞的老师。画面上这位舞娘正在对镜妆扮，为接下来的表演做准备。化妆已到收尾阶段，她神情专注地以无名指的指腹在眼角处涂抹胭脂。标题旁的扇形画框中描绘了她的日常用具：假发架子，响板，剧本。

江户时代，化妆只用三种颜色：红，白，黑（染眉毛和牙齿）。红色用于颊、口、眼、指甲。以胭脂涂抹眼角和眼尾的眼妆最初只是歌舞伎演员的舞台妆，后来也在日常妆容中流行开来。上妆时无名指常被用来晕染红色，所以这个手指也被称为"红点指"。

当时最有名的一种胭脂名为"小町红"，以绝色美女小野小町的名字命名，有迷离艳媚的色泽，价格高昂。如果叠涂多层，会变成紫中带绿的虹彩色，这种颜色在当时被称为"笹红"，非常受时尚女子追捧。

糟蹋
竟然是遭水獭之祸

"糟蹋"一词有多种写法，比如糟踏、蹧蹋、蹧踏、糟塌、遭塌等等。用字的不确定，说明"糟蹋"一词的语源极有可能是同音词的音讹所致。果然，据清人翟灏《通俗编》载："今谓被侵渔曰遭踏，应作獭。""侵渔"意为侵夺，从中侵吞牟利。相应地，"俗谓侵渔为作獭也"。

由南唐入仕宋的学者郑文宝《南唐近事》一书记录了一个有趣的故事："张崇帅庐州，好为不法，士庶苦之。尝入觐江都，庐人幸其改任，皆相谓曰：'渠伊必不复来矣。'崇来，计口征'渠伊钱'。明年再入觐，盛有罢府之议，不敢指实，道路相见，皆将须相庆。崇归，又征'将须钱'。尝为伶人所戏，一伶假为人死，有谴当作水族者，阴府判曰：'焦湖百里，一任作獭。'崇大惭。"

"渠伊"是方言称谓，意为"他"。张崇先征"渠伊钱"，后征"将须钱"，可谓刮尽地皮，连伶人都忍不住要戏弄他，演戏的时候装死，谴为水族，阴府判他做一只水獭。

这个判决很有意思，为什么"焦湖百里"就判他做一只水獭呢？这是因为古人观察到水獭有一种特别的习性。水獭捕到很多鱼之后，一一陈列在岸边，就像陈列供品祭祀一样，故称之为"獭祭"或"獭祭鱼"。其实水獭性格残忍，捕鱼能力又强，往往吃一两口就把鱼给扔掉了，并不是在祭祀。伶人用水獭这种捕尽湖中鱼的残暴行径来讽刺张崇刮尽地皮的同样残暴的行径。因此"俗谓侵渔为作獭也"，被侵渔当然就是"遭獭"了。

用水獭这种"焦湖百里"的残暴行径来喻人，在唐代小说家张鷟（zhuó）的《朝野佥载》中也有一例。泽州都督尹正义清正公平，他的后任王熊却贪婪搜刮，于是百姓作歌曰："前得尹佛子，后得王癞獭。判事驴咬瓜，唤人牛嚼沫。见钱满面喜，无镪从头喝。尝逢饿夜叉，百姓不可活。""镪（qiǎng）"是成串的铜钱，泛指钱币。王熊因其搜刮被送恶名"王癞獭"，《通俗编》的作者翟灏因此说："此亦遭獭獭字之证。"

"遭獭"从被侵渔、被侵夺引申为蹂躏、凌辱、浪费等义项，久而久之，因为同音而误为"糟蹋"等多种写法，从"獭"字而来的语源也就随之失去，后人但知"人"糟蹋，而不知实为"獭"糟蹋矣！

蠻蠻鼠身鱉首音如吠犬出剛山

《山海经广注》卷三插图『蛮蛮』，清代吴任臣注，金阊书业堂藏板，乾隆五十一年（1786）刊本。

《山海经》全书十八卷，是一部记载古代神话、地理、植物、动物、矿物、物产、宗教、医药、民俗、民族的著作。《山海经》成书非一时，作者亦非一人，大约是从战国初年到汉代初年楚人所作，到西汉校书时合编在一起。

吴任臣（1638—1689），字志伊，一字尔器，清代学者兼藏书家，仁和（今浙江杭州）人，博闻强记，淹贯经史。吴任臣的《山海经广注》引书目五百三十余条，于名物训诂、山川道里皆有所订正。该刻本增补《山海经图》五卷，有图一百四十幅，按神、兽、鸟、虫、异域分类，一神一图，无背景，线条简率，注重眼睛的刻画。

这幅图描绘的是《山海经·西山经》中的"蛮蛮"："又西二百里，至刚山之尾。洛水出焉，而北流注于河。其中多蛮蛮，其状鼠身而鳖首，其音如吠犬。"有人注释说"蛮蛮"是一种水獭。按其描述，生活于河流中，首如鳖，身如鼠，的确符合水獭的特征，只叫声不似。谁知道呢？

蟊贼
原来是两种害虫

　　今天的"蟊（máo）贼"一词，是指危害人民或国家的人，毫无疑问是对人的形容，但是在古时候，"蟊贼"却是危害禾苗的害虫，而且"蟊""贼"分别是两种害虫。这个词的古今变迁，再一次鲜明地反映出古人"无一字无来历"的命名方式。

　　《诗经·小雅·大田》中吟咏道："去其螟螣，及其蟊贼，无害我田稚。"此处出现了四种危害禾苗的害虫：螟，螣，蟊，贼。《尔雅·释虫》详细解释了这四种害虫的区别："食苗心，螟；食叶，螣；食节，贼；食根，蟊。"螟专食禾苗的心，螣（tè）专食禾苗的叶子，贼专食禾苗的枝干，蟊专食禾苗的根部。这几句诗的意思是：除掉危害禾苗的螟螣和蟊贼，不要伤害我的幼苗。

　　这四种害虫各自蚕食禾苗的一个部位，那么为什么命名又不一样呢？邢昺的注疏中引述了李巡的说法："食禾心为螟，言其奸冥冥难知也；食禾叶者，言假贷无厌，故曰螣也；食禾节者，言贪狠，故曰贼也；食禾根者，言其税取万民财货，故云蟊也。"原来，其命名方式仿照当政者之贪而来。陆机则解释得更有趣："螟似子方而头不赤。螣，蝗也。贼，桃李中蠹虫，赤头身长而细耳。或说云：'蟊，蝼蛄，食苗根，为人患。'许慎云：'吏冥冥犯法即生螟，吏乞贷则生螣，吏抵冒取民财则生蟊。'旧说云：'螟螣蟊贼，一种虫也。'如言寇贼奸宄，内外言之耳。"

古代中国是农业社会，因此古人对这四种害虫的认识非常深刻，《诗经》中屡屡出现"蟊贼"的影子。《大雅·瞻卬》："蟊贼蟊疾，靡有夷届。"害虫疯狂吃禾苗，没有满足停止的时候。《大雅·召旻》："天降罪罟，蟊贼内讧。"罪和罟（gǔ）都是网。上天降下罪网，蟊贼内讧。从这里开始将蟊贼比作坏人。

《后汉书·岑彭传》记载了一则当时的民谣，称颂岑彭的后人："我有枳棘，岑君伐之；我有蟊贼，岑君遏之。狗吠不惊，足下生氂。含哺鼓腹，焉知凶灾？我喜我生，独丁斯时。美矣岑君，於戏休兹！"

枳（zhǐ）棘，多刺的枳木与棘木，比喻恶人；氂（máo），长毛，狗没有贼可追，以至于脚上都生了长毛；含哺，口含食物；鼓腹，饱食，形容百姓生活安乐。李贤注解道："蟊贼，食禾稼虫名，以喻奸吏侵渔也。"正式将奸吏比喻为"蟊贼"，也从此将"蟊贼"钉上了历史的耻辱柱。

细井徇，号东阳，日本江户时代的儒学者，曾为僧为医，撰有《四诊借要》等。细井徇有鉴于因时地古今之异，《诗经》名物多所难辨，孔子所云多识草、木、鸟、兽、虫、鱼之名的目的难以达到，而前人所作多有不足，乃与京都一带画工商议共同编绘，并亲自审定，"加以着色，辨之色相，令童蒙易辨识焉"，遂成《诗经名物图解》一书。该书共十贴，分草、木、鸟、兽、鱼、虫六部，包含两百余幅清丽的手绘彩图，有图有说，按图依说，可循名得实。

此幅出自第十贴"虫之部"，描绘了《诗经·小雅·大田》"去其螟螣，及其蟊贼，无害我田稚"中出现的四种危害禾苗的害虫：螟，螣，蟊，贼。螣为蝗虫，蟊为蝼蛄，螟是螟蛾的幼虫，贼也画成了某种幼虫的样子，较螟而小。四种害虫描绘细腻，栩栩如生。

《诗经名物图解·虫之部》"螟螣蟊贼"，细井徇撰绘，约嘉永元年（1848）绘本。

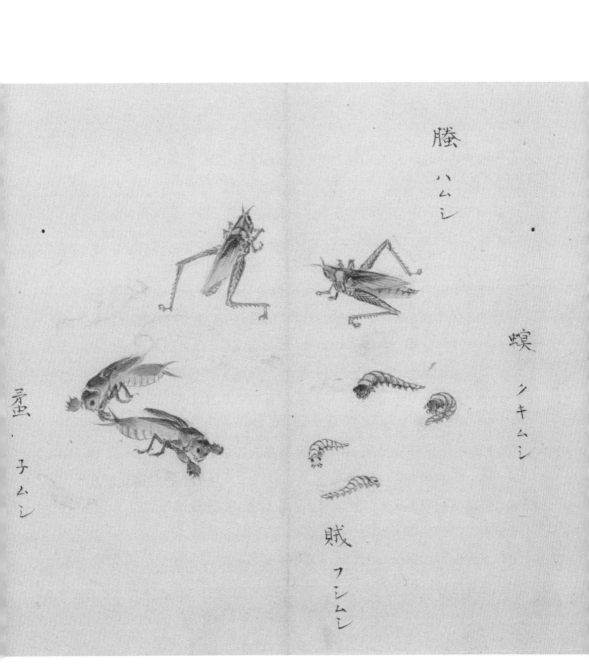

螣　ハムシ

蝮　ツキムシ

賊　フシムシ

蠹　子ムシ

鳏夫
为何代指丧妻的男人

孟子在《梁惠王下》篇中发过一段著名的议论："老而无妻曰鳏，老而无夫曰寡，老而无子曰独，幼而无父曰孤。此四者，天下之穷民而无告者。"在这四种称谓中，"寡""孤""独"都很容易理解，唯独这个"老而无妻曰鳏"令人费解。"鳏（guān）"到底是什么东西，为什么可以代指老而丧妻的男人呢？

"鳏"既然是鱼字旁，那么它一定是一种鱼类。事实果然如此，东汉学者刘熙在《释名·释亲属》中解释说："无妻曰鳏。鳏，昆也，昆，明也。愁悒不寐，目恒鳏鳏然也，故其字从鱼，鱼目恒不闭者也。"

刘熙所说的这种从来不闭上眼睛的鱼其实就是鳡（gǎn）鱼，一种体量很大的鱼，重者可达三四十斤，性情凶猛，以捕食其他鱼类为生。托名孔鲋所著的《孔丛子·抗志》篇中讲了一个有趣的故事："子思居卫，卫人钓于河，得鳏鱼焉，其大盈车。子思问之曰：'鳏鱼，鱼之难得者也，子如何得之？'对曰：'吾始下钓，垂一鲂之饵，鳏过而弗视也。更以豚之半体，则吞之矣。'子思喟然曰：'鳏虽难得，贪以死饵；士虽怀道，贪以死禄矣。'"

卫人一开始用鲂鱼做饵，但鳏鱼视而不见；又用半只小猪做饵，鳏鱼这才上钩。可见鳏鱼体量之巨大，一口可以吞下半只小猪。

其实鱼类没有眼睑，因此睡觉时不闭上眼睛，但体量巨大的鳏鱼给古人留下了深刻的印象，因此就认为鳏鱼睡觉不闭眼，进而比附于丧妻的男人。丧妻的男人孤独无伴，忧愁郁闷睡不着觉，长夜漫漫，一直睁着眼睛，就像鳏鱼一样。金代诗人元好问有诗："鳏鳏鱼目漫漫夜，盼到明星老却人。"正是老而丧妻者的形象写照。

　　这就是"鳏夫"这一称谓的来历。

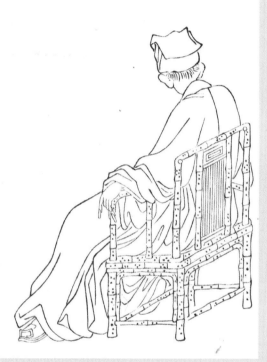

王摩詰

摩詰生平詩名冠代復工草隸善画思入神品至山水平遠雲根石色皆天機所到學者不及性好佛喪妻不娶鰥居三十年嘗蔬食飯僧齋中布経案退朝後焚香默坐屏絕塵累表輞川第為寺莖于其西

《晚笑堂竹庄画传》第二册王维像，清代上官周绘，乾隆八年（1743）刊本。

上官周（1665—1749后），原名世显，字文佐，号竹庄，福建长汀人，清代画家。擅长人物、山水，有"江南民间神笔"之称。《晚笑堂画传》是他晚年创作的古代名人画像集，收录西汉至明初历代圣贤、名臣、名将、名媛共一百二十人画像，每人一图一传，刻画精到，为清代人物画谱杰作。

王维（692—761），字摩诘，号摩诘居士，盛唐山水田园派诗人、画家，号称"诗佛"，今存诗四百余首。他中年丧妻不娶，鳏居三十年。性好佛，常年蔬食。斋中布经案，退朝后惟焚香默坐。晚年徜徉辋川别墅，亦官亦隐。画面上他一身便服，独坐竹椅上，背对观者，似沉思，似入定，淡极静极。他的鳏居生涯中，虽有佛学禅思护持，想来也有"终夜长开眼"的时候吧。

强梁
原来是食鬼之神

"强梁"一词，今天的书面语中还在使用，其意类同于"强盗"，但比"强盗"的语感更严重，用来称呼那些残暴、凶狠之人，或者用作形容词，形容人之强横、野蛮、凶残。

老子《道德经》中写道："强梁者不得其死，吾将以为教父。"老子的这句话其实有更早的来源，那就是《汉书·艺文志》著录的"黄帝铭六篇"。"黄帝铭"早已亡佚，而其中之一的《金人铭》，据西汉学者刘向所著《说苑·敬慎》篇记载："孔子之周，观于太庙右陛之前，有金人焉，三缄其口而铭其背曰。"刘向记录的这些铭文，其中就有"强梁者不得其死，好胜者必遇其敌"这一句。《金人铭》的年代，有学者认为是西周早期，有学者认为是春秋时期，此不赘述。

明代学者焦竑为老子的这句话作注："木绝水曰梁，木负栋亦曰梁，取其力之强也，故曰强梁。"《说文解字》："梁，水桥也。"段玉裁《说文解字注》："梁之字用木跨水，则今之桥也……见于经传者，言梁不言桥。"张舜徽先生在《说文解字约注》一书中进一步解释说："凡高山溪谷中断处，亦每架桥梁以通行人，故许君于此二篆下明释之曰水梁、水桥，以求别于其他桥梁也。"

以上释义都没有解释清楚"桥"和"梁"的区别，王力先生在《王力古汉语字典》中的辨析最为明晰："二字都有桥梁的意义，然而上古只用梁字。上古桥指井上汲水的用具桔槔，汉代以后才产生河上桥梁的意义。"

"梁"既为水上之桥，那么焦竑所说的"木绝水曰梁，木负栋亦曰梁"就很容易理解了。不过，桥梁固然须坚固，但"强梁"一词什么时候又为什么用到人身上，焦竑却没有给出进一步的解释。

来看看《山海经·大荒北经》中的一段记载："大荒之中……又有神衔蛇操蛇，其状虎首人身，四蹄长肘，名曰彊良。"清代学者郝懿行说："强梁即彊良，古字通也。"据此则"强梁"为神名。

"强梁"这尊神，《后汉书·礼仪志》中有详细的说明："甲作食凶，胇胃食虎，雄伯食魅，腾简食不祥，揽诸食咎，伯奇食梦，强梁、祖明共食磔死、寄生，委随食观，错断食巨，穷奇、腾根共食蛊。"

甲作可能是一尊披甲的神兽，食凶鬼；胇胃，在张衡《西京赋》中作"狒猥"，是一尊猿猴类的神兽，食虎；雄伯是何神兽史籍无载，食魅，"魅"是所谓"老精物"，山林异气所生的鬼；腾简是何神兽史籍也无载，食不祥之鬼；揽诸是何神兽史籍也无载，食咎，灾病之鬼；伯奇可能是一尊神鸟，食恶梦；强梁如《山海经》所说乃虎神，祖明是何神兽史籍也无载，"磔（zhé）"指分裂肢体之刑，强梁和祖明共食磔死的鬼和寄生的鬼；委随可能是一尊蛇神，"观"可能是一种枭类的凶鸟；错断是何神兽史籍也无载，"巨"可能通"虡（jù）"，附着于钟鼓之上的鬼怪；穷奇大概是一尊狗神，《山海经·西山经》形容它叫声像狗，腾根是何神兽史籍也无载，"蛊（gǔ）"是毒虫。

这十二尊神兽是腊月举行驱除瘟疫的"大傩"仪式时所使用的图腾，此时还要让十二神兽念叨咒语："凡使十二神追恶凶，赫女（汝）躯，拉女（汝）干，节解女（汝）肉，抽女（汝）肺肠。女（汝）不急去，后者为粮！"

　　由以上记载可知，"强梁"本为"食磔死、寄生"之鬼的虎神，古时的神兽都有善、恶两方面的特征，既能食鬼，又能为祸，于是顺理成章地移用到残暴之人的身上，可用作名词和形容词。这就是"强梁"一词的来龙去脉。

《大傩图》，宋代佚名绘，绢本设色，北京故宫博物院藏。

"傩"是一种古老的驱除疠疫的民间习俗。此《大傩图》轴是一幅宋代风俗画。图绘十二人，几乎充满整个画面，皆戴假面，作农人装束，头大身小，面部夸张。他们头戴簸箕、柳条斗、竹笠及其他奇形怪状的帽子，并簪以蝴蝶、翎毛、梅枝、松枝、柳枝之类，手中或身上携拿着鼓、铃、檀板等乐器或扇、篓、帚等用具，身佩蚌、蛤、蛙、鳖等饰物。十二人团团行进，姿态各异，手舞足蹈，表情诙谐，动作滑稽，气氛欢快热烈，具有很强的艺术感染力。

学界对于此图表现的内容尚有争议。若作乡人傩仪看，这十二人所扮演的角色可能便有出自那十二尊食鬼之神的："甲作食凶，胇胃食虎，雄伯食魅，腾简食不祥，揽诸食咎，伯奇食梦，强梁、祖明共食磔死、寄生，委随食观，错断食巨，穷奇、腾根共食蛊。"可惜装扮太过夸张变形，难以区分哪个是强梁，哪个是甲作。

此外，"强梁"样貌可参见本书《荒诞竟然是一种怪兽》一篇插图。

家常杂物

不倒翁
原来是劝酒用具

　　作为玩具，最常见的"不倒翁"的样子是一位翘着胡须、笑哈哈的老翁，翻来覆去，左右摇晃而不倒，逗孩子们开心。如今市面上有各式各样的"不倒翁"，但既为"不倒翁"，那么"翁"一定指老翁，只要不是老翁形象的"不倒翁"，都失去了"翁"的原意。

　　这位摇来晃去的"不倒翁"到底是怎么造出来的呢？很多人都不知道，"不倒翁"最初竟然是劝人喝酒的用具。

　　清代学者赵翼所著《陔余丛考》卷三十三有"不倒翁"一条，详细考证了"不倒翁"的由来："儿童嬉戏有不倒翁，糊纸作醉汉状，虚其中而实其底，虽按捺旋转不倒也……考之《摭（zhí）言》，则唐人已有此物，名酒胡子，乃劝酒具也。卢汪连举不第，赋《酒胡子》长篇以寓意，序曰：'巡觞之胡，听人旋转，所向者举杯，颇有意趣。然倾倒不定，缓急由人，不在酒胡也。乃为之作歌。'按此则其形制与今所谓不倒翁者正相似，特其名不同耳。"

　　"酒胡子"的称谓出自五代学者王定保所著《唐摭言》一书，书中载有卢汪《赋酒胡子长歌》一诗。在这首诗的序中，卢汪称"酒胡子"这种劝酒具的模样乃是"巡觞之胡人"，即根据胡人的相貌所制，拿胡人的相貌来取乐。

北宋窦革在《酒谱》一书中记载："今之世，酒令其类尤多，有捕醉仙者，为禺人，转之以指席者。""禺人"即"偶人"，"捕醉仙"乃是木偶。两宋间学者张邦基所著《墨庄漫录》卷八载："饮席刻木为人，而锐其下，置之盘中，左右敧侧，僛僛然如舞状，久之力尽乃倒，视其传筹所至，酬之以杯，谓之'劝酒胡'……或有不作传筹，但倒而指者当饮。""僛僛（qī）"是形容醉舞歪斜之貌。"劝酒胡"的称谓显然是传承"酒胡子"而来。

明代才子徐文长有一首题为《不倒翁》的诗："乌纱玉带俨然官，此翁原来泥半团。忽然将你来打碎，通身上下无心肝。"由此可知，明代人们将"不倒翁"做成戴乌纱帽的官员模样，已经迥异于"酒胡子"的胡人相貌了，"不倒翁"也由此开始形容那些八面玲珑、善于保持权位的官场之人，俗称"扳不倒"。"不倒翁"遂从玩具的称谓变成了一个极具讽刺意义的贬义词。

海伦·海德（Helen Hyde，1868—1919）是一位美国蚀刻家和雕版家，以彩色蚀刻艺术和反映日本女性儿童的木版画著称，曾到日本定居，学习彩色木版画技术。她的足迹还曾去过中国、印度和墨西哥。评论家称赞她对儿童的描绘充满魅力和同情。

这幅版画作品描绘了一个日本儿童手持一大串达摩娃娃在玩耍。应是过年前后，他穿着鲜艳又厚实的冬衣，脚踩木屐，七个大小不一的达摩玩偶葫芦娃般串在柳枝上，压弯枝条，需双手把握。

他张口瞪眼，与一个玩偶面面相对，画面充满天真的童趣。

达摩是日本流行的一种不倒翁玩具或摆饰，形象模仿禅宗达摩老祖的坐禅姿。大多为红色造型，浓眉环眼有须，描金纹金字，象征吉祥、平安、长寿等寓意。一般眼睛的部位会先留白，待祈愿后再"点睛"。至今日本各地每年还会举办达摩市集。

达摩祖师面壁九年，盘膝静坐，身如磐石。用这个形象来作不倒翁，真是再合适不过了。

《达摩枝》，［美］海伦·海德绘，1910年，美国史密森尼艺术博物馆藏。

Helen Hyde

风筝
原来是传递消息的工具

　　作为中国民间喜闻乐见、老少咸宜的游戏道具，风筝的制作材料和称谓都有一个漫长的演变过程。

　　《墨子·鲁问》篇中载："公输子削竹木以为鹊，成而飞之，三日不下。公输子自以为至巧。"公输子就是鲁班。《韩非子·外储说左上》篇中则载："墨子为木鸢，三年而成，飞一日而败。""鸢（yuān）"是一种小型的鹰，可以在天空中优美持久地翱翔。公输子的木鹊和墨子的木鸢，显然是为了炫技，并没有什么实际用途。

　　到了东汉时期，蔡伦改进造纸术之后，人们方才用纸来制作风筝。明人陈沂所著《询刍录》载："五代李邺于宫中作纸鸢，引线乘风戏。后于鸢首以竹为笛，使风入竹，如鸣筝，故名风筝。"晚唐诗人高骈写有《风筝》一诗："夜静弦声响碧空，宫商信任往来风。依稀似曲才堪听，又被移将别调中。"由此可知"风筝"其名唐代已有，而且显然也是用作游戏，李邺并不是最早的发明者。

　　至于风筝的用途，起初乃是传递消息的工具。据《南史·侯景传》载：梁武帝萧衍太清三年（549），侯景作乱，叛军将梁武帝围困于建邺（今南京），"中外断绝，有羊车儿献计，作纸鸦，系以长绳，藏敕于中。简文出太极殿前，因西北风而放，冀得书达。群贼骇之，谓是厌胜之术，又射下之"。用纸糊成鸱鸟的形状，由太子简文帝顺着西北风放飞，可惜被叛军打下。

唐人余知古所著《渚宫旧事》中也记载有风筝的这项用途："公输般……尝为木鸢，乘之以窥宋城。"虽然误将墨子所作的木鸢归功于鲁班的发明，但"乘之以窥宋城"的做法，则显然是为了探听敌方的消息。

到了宋人高承的《事物纪原》一书，风筝的发明权又被归功于韩信："纸鸢，俗谓之风筝。古今相传，云是韩信所作。高祖之征陈豨也，信谋从中起，故作纸鸢放之，以量未央宫远近，欲以穿地坠入宫中也。"

刘邦建汉不久，赵国的相国陈豨（xī）自立为代王，刘邦亲自带兵讨伐，终于灭掉了陈豨。陈豨的造反牵连了大名鼎鼎的韩信。韩信和陈豨私交很深，当年陈豨被任命后，曾向淮阴侯韩信辞行。韩信拉着陈豨的手在庭院里漫步，仰望苍天，满腹幽怨地说："您管辖的地区，是天下精兵聚集的地方；而您，是陛下信任宠幸的臣子。如果有人告发说您反叛，陛下一定不会相信；再次告发，陛下就怀疑了；三次告发，陛下必然大怒而亲自率兵前来围剿。我认为您应该早作防备，如果您对朝廷有什么想法的话，我愿意为您在京城做内应，这样，天下就是我们的了。"

为了给陈豨做内应，韩信派人制作了纸鸢，放飞到空中，想用这东西量一量刘邦居住的未央宫的远近距离，以便挖掘地道，闯入宫中捉拿刘邦。当然这项计谋没有得逞，陈豨和韩信都被杀身亡。

从唐宋开始，风筝的功能从传递消息和窥探敌方的工具转变成了风靡宫廷和民间的游戏，一直延续至今。

《全本红楼梦·林黛玉重建桃花社》，清代孙温、孙允谟绘，绢本设色，旅顺博物馆藏。

　　孙温，字润斋，河北丰润人，生卒年说法不一，只知他历经嘉庆、道光、咸丰、同治、光绪等数朝，至《红楼梦》绘本完成时已73岁。这套《红楼梦》画册由孙温、孙允谟耗时36年精心绘制而成，孙温是主要构思绘制者。全本共24册，推篷装，总计230开，工笔重彩，不厌其烦地描绘了大观园全景及整本《红楼梦》故事，情节详尽，笔法精细，设色妍丽，篇幅宏大，为清代同题材绘画作品所仅见，被誉为"红楼瑰宝"。

　　这幅描绘的是《红楼梦》第七十回"林黛玉重建桃花社 史湘云偶填柳絮词"中的两段情节。一道墙垣兼潇湘馆标志性的竹丛将馆内与园中两处场景隔开。潇湘馆内，林黛玉重建大观园诗社，时值暮春，湘云见柳花飘舞，偶成一首小词，黛玉也觉新鲜，便临时起社，以柳絮为题，请大家来填词。正热闹品评，忽被一个大蝴蝶风筝吓了一跳，大家干脆移至园中一起放风筝。也有美人儿的，也有沙雁儿的，各色风筝放起来，都铰断了线，让其连"晦气"一起飞走。唯独宝玉的一个美人风筝放不起来。

　　在这回书中，风筝虽然不是传递消息的工具，却再一次暗示了大观园里各个人物的命运。另外，曹雪芹本身也是风筝大家，留下了一本《南鹞北鸢考工志》。

什物
原来是军旅中的必备器物

　　"什物"一词，在今天的书面语中还在使用，而且只有一个义项，即家庭中包括杂物在内的日常用品。相信很多人都不明白这个词的来历，"物"容易理解，意为物品、器物，那么"什"到底是什么东西，为什么可以如此指代呢？

　　原来，"什物"是古代战争中的一个军事术语。《礼记·祭义》中有"军旅什伍"的记载，孔颖达注解说："五人为伍，二伍为什。"也就是说，"什伍"是古代军队的最基层编制单位，五人称"伍"，立一位长官，叫"伍长"；十人称"什"，立一位长官，叫"什长"。同时，"什伍"也是古代户籍的编制单位，《管子·立政》篇中写道："十家为什，五家为伍，什伍皆有长焉。"为的是相联相保，便于管理。

　　《史记·五帝本纪》中描述帝舜年轻时"作什器于寿丘"，司马贞《史记·索隐》："什器，什，数也。盖人家常用之器非一，故以十为数，犹今云'什物'也。"这一解释并没有讲清楚家庭中的常用器物为何"以十为数"，因此颜师古进一步解释说："军法，伍人为伍，二伍为什，则共器物，故谓生生之具为什器，亦犹从军及作役者十人为火，共畜调度也。"

　　在《匡谬正俗》一书中，颜师古生怕上述解释仍然简单，再次重复并加以丰富："或问曰：生生之具谓之什器，'什'是何物？答曰：此名原起军戎，遂为天下通称。军法五人为伍，二五为什，一什之内共有器物若干，皆是人之所须，不可造次而废者。或称什物，犹今军行戍役工匠之属，十人为火，一火内共畜器物，谓之火幕调度耳。"

"什器"或"什物"由军旅中的必备器物引申为"人之所须"的日常用品。

来看看《新唐书·兵志》卷中所规定的唐太宗年间府兵（军府所辖的军队）所需的"什物"，不仅会眼界大开，还能从中窥见古代战争形态之一斑。

"五十人为队，队有正；十人为火，火有长。火备六驮马。凡火具乌布幕、铁马盂、布槽、锸、钁、凿、碓、筐、斧、钳、锯皆一，甲床二，镰二；队具火钻一，胸马绳一，首羁、足绊皆三；人具弓一，矢三十，胡禄、横刀、砺石、大觽、毡帽、毡装、行藤皆一，麦饭九斗，米二斗，皆自备，并其介胄、戎具藏于库，有所征行，则视其入而出给之。"

唐代时已不称"什"，而称"火"。这十人用六匹驮马驮运的东西可真多！共包括：乌布幕，即黑布所制的火幕，也有说是宿营时所住的黑布帐篷；铁马盂，即铁制的大型盛水器皿，也有说是大铁锅；布槽，为布制的饲马槽，取其轻便；锸（chā），即铁锹；钁（jué），即锄头；凿，凿子；碓（duì），石制的舂米器具；筐；斧；钳；锯。以上各一。甲床，是放置铠甲的架子；镰（lián），即镰刀。以上各二。

五十人称"队"，这五十人的装备共包括：火钻，取火的工具；胸马绳，用来拴马。以上各一。首羁，马笼头；足绊，用来拴住马足的绳索。以上各三。

每个士兵还有各自的装备，共包括：弓，一张；矢，即箭，三十支。胡禄，箭囊；横刀，用皮子系住的佩刀，横在腋下；砺石，磨刀石；大觿（xī），象骨所制，用来解绳结的锥子；毡帽；毡装，即毡衣；行藤，绑腿布。以上各一。麦饭，用磨碎的麦子做成的干饭，九斗；米二斗。这些个人的装备都需要自己置办。

介胄，铠甲和头盔；戎具，兵器。这些作战所用的东西不能由私人收藏，而要收藏在国库里，战争开始之前才配给。

这就是唐代军队必备的"什物"，后来加以引申，民间也开始使用这个称谓，把所有的日常用品统称为"什物"，以至于今人已经不解"什"指什么，以及为何以"什"来计数了。

馬圖 李龍眠筆

《摹李公麟蒙人马驼图》，元代佚名绘，绢本设色，美国大都会艺术博物馆藏。

李公麟（1049—1106），北宋著名画家，字伯时，号龙眠居士，博学多才，富文辞，工书法，精于鉴赏。凡人物、释道、鞍马、山水、花鸟，无所不精，时推为"宋画中第一人"，历来被公认为一位杰出的白描人物画家。这是一幅人物番马册页，记载为元人摹李公麟本，原作不详。

画面上有一人，一马，一驼。人是胡人，未戴毡帽，着胡裘皮靴，似是一位远道而来的旅人或行商。马是骏马，背对主人，配有锦绣鞍鞯。骆驼则温顺地跪坐下来，背上驮着很多行李。细看，有水罐，类似琵琶的乐器，塞满工具的皮囊。自后向前斜插两根红色长杆，其中一根是铁铲。主人正弯腰在骆驼背囊中翻找什么东西，腰上还挂着绳索等许多小物件。从携带的"什物"来看，这定是一位富有的胡人。

方舟
原来是大夫所乘的船

《圣经·创世记》："你要用歌斐木造一只方舟，分一间一间地造，里外抹上松香。"这是上帝对诺亚说的话。诺亚方舟据说是一只巨大的方形船，故称"方舟"，乃避难之舟。但是在汉语语境中，"方舟"却并非方形船的意思，而且也没有任何可供避难的作用。

先秦称"舟"，汉以后称"船"。《尔雅·释水》："天子造舟，诸侯维舟，大夫方舟，士特舟，庶人乘泭。"造舟，"比船为桥"，即比船于水，加板于上，也就是今天所说的浮桥，这是天子所享有的特权；维舟，"维连四船"，将四艘船连在一起成桥，这是诸侯之礼；方舟，"两舟相并"，这是大夫之礼；特舟，一只舟，这是士之礼；泭（fú），"编竹木曰泭"，就是小筏子，这是普通百姓之礼。等级制社会的尊卑观念，即使在乘船上也体现得淋漓尽致。

东汉班固《西都赋》中有"方舟并骛，俯仰极乐"的句子，更能看出"方舟"的本义。骛（wù），疾驰；"方舟并骛"，当然是形容两船相并疾驰的样子，一只船无法"并骛"。

随着时间的流逝，"方舟"的等级制含义渐渐消减，渡河而使用"方舟"，取其稳妥，两船相并，总比一只船来得平稳。庄子在《山木》篇中讲过一则与"方舟"有关的故事，含有很深刻的哲理在内。

市南子对鲁侯说："方舟而济于河，有虚船来触舟，虽有惼心之人不怒。有一人在其上，则呼张歙之；一呼而不闻，再呼而不闻，于是三呼邪，则必以恶声随之。向也不怒而今也怒，向也虚而今也实。"惼（biǎn）心，意为心地狭隘，脾气急躁；歙（xī），意为吸气。

这段话的意思是：两船相并渡河，突然有条空船撞过来，即使心地狭隘、脾气急躁的人也不会发怒。但是假如船上有一个人，就会张口闭口呼喊来船后退；喊一次没回应，喊两次没回应，于是就会第三次呼喊，必定会痛骂不绝。刚才不发怒而现在发怒，是因为刚才船上没人而现在船上有人的缘故。

于是市南子得出这样的道理："人能虚己以游世，其孰能害之！"人如果能够忘掉自我，遨游世间，谁还能够伤害他呢！

《摹顾恺之洛神赋图》（局部），宋代佚名绘，绢本设色长卷，辽宁省博物馆藏。

洛神是传说中伏羲之女，溺于洛水为神，又称宓妃。《洛神赋图》原是东晋大画家顾恺之根据曹植《洛神赋》文意创作的故事长卷。曹植原文借人神恋爱抒发爱情失意的感伤，传说是为甄后而作。

顾恺之，字长康，小字虎头。多才多艺，工诗赋，善书法，时人称为"才绝、画绝、痴绝"。他的画风格独特，人物清瘦俊秀，谓之"秀骨清像"；线条绵密流畅，谓之"春蚕吐丝"。顾恺之所作《洛神赋图》原本已佚，现存数件摹本传世。辽博本《洛神赋图》较为忠实地保留了六朝时期原本的构图和样貌，设色艳丽明快，用笔细劲古朴。画中人物与山水之间的比例往往失调，显得"人大于山，水不容泛"，体现出魏晋画风的特征。

这段画面描绘洛神离去后，曹植惘然若失，"冀灵体之复形，御轻舟而上溯。浮长川而忘返，思绵绵而增慕"。曹植坐在楼船上层，神情惆怅。船篷上垂幔飘动，浪花拍打船身，看似行驶甚稳。

曹植写《洛神赋》时刚被封为鄄城王，邑二千五百户。作为王侯，他所乘之舟自然精致宽敞，翘起的前端部分像是有两个船头，也许表示此乃"方舟"？

天衣无缝
来源于佛教用语

　　"天衣无缝"是一个成语，比喻诗文自然浑成，毫无雕琢的痕迹，也用来比喻计划周密，一点儿破绽都没有。

　　这个成语最初来自佛教用语。在佛经中，"天衣"指天上的人所穿的衣服，重量极轻，而且天越高，衣服的重量越轻。作为中国三大佛教翻译家之一的鸠摩罗什在后秦王朝生活，他翻译的《大智度论》卷三十四中详细描述了"天衣"的重量："四天王衣重二两，忉利天衣重一两，夜摩天衣重十八铢，兜率天衣重十二铢，化乐天衣重六铢，他化自在天衣重三铢。色界天衣无重相。欲界天衣从树边生，无缕无织，譬如薄冰，光曜明净，有种种色。色界天衣纯金色，光明不可称知。"从《大智度论》的记载中可知，天越高，天衣就越轻。

　　不过，中国本土也有关于"天衣无缝"的记载。五代前蜀牛峤所著《灵怪录》中讲了一个神话故事，虽然是古代文人常见的意淫套路，不过故事很美。太原书生郭翰是个美男子，才华出众，盛暑的一天深夜，郭翰躺着赏月，清风徐来，香气扑鼻，一位绝代佳人从天而降，自称是织女，天帝看她寂寞，就让她来人间寻找艳遇。找来找去，她看中了郭翰。郭翰欣然同意，二人云雨一番之后，织女凌云而去。不料织女爱上了郭翰，每天深夜都前来幽会。有一次郭翰戏问她："你生活在天上，怎么敢天天来跟我幽会？"织女回答道："天上的事你哪里懂得！"每次幽会，郭翰看到织女的衣服都没有缝儿，织女解释说："天衣本非针线为也。"这句话就是本土版"天衣无缝"的原始出处。

至于郭翰和织女的结局，相信每位读者都能猜到，因为都是老套路了：忽然有一天，织女黯然流涕，原来这是她跟郭翰过的最后一夜，天帝命她结束人间生涯，回到天上继续做淑女。这一对露水夫妻珍重道别，织女赠以七宝碗，郭翰回赠一对玉环，从此永诀。二人虽然永诀了，"天衣无缝"的成语倒是流传了下来，供我等俗人思天衣而盼佳人。

这是一套人物故事册页中的一开，款识皆为伪托，一说为明代项元汴（1525—1590）所作，描绘了一系列神话或传说中的人物故事。

这幅描绘的是唐代大将郭子仪戍边时遇到七夕神女的传说，也是"富贵寿考"这一典故的来源。据《古今图书集成》引《感遇集》载："郭子仪至银州，夜见左右皆赤光，仰视空中，骈车绣幄中有一美女自天而下。子仪拜祝：'今七月七夕，必是织女降临，愿赐长寿富贵。'女笑谓曰：'大富贵，亦寿考。'言讫，冉冉升天。子仪后立功，贵盛，年九十余薨。"

不谈郭子仪一生际遇的确称得上"大富贵，亦寿考"，只说画中这位"骈车绣幄"中悠悠而下又冉冉而升的织女，故事中未曾记载她的穿着，想来也是一身人间不可得的无缝天衣吧。

郭子仪与郭翰在历史时间上相距不甚远，妙在二人都姓郭，同遇神女，只是一人得桃花运，一人得实惠，谁会羡慕谁呢？

凶器
原来指丧葬器具

今天的"凶器"一词只有一个义项：行凶时所用的器具。这个现象非常有趣，因为随着时间的流逝，大多数语词的义项会越来越丰富，而"凶器"则逆其道而行之，以至于到了今天，竟然只剩下唯一的一个义项！

我们来看看"凶器"一词本来都具备哪些义项。

据《周礼》记载，周代有"阍人"一职，"掌守王宫之中门之禁"，负责掌管王宫中门出入的事宜，职责之一是："丧服、凶器不入宫，潜服、贼器不入宫，奇服、怪民不入宫。"

郑玄注解说："丧服，衰绖也。凶器，明器也。潜服，若衷甲者。贼器，盗贼之任器，兵物皆有刻识。奇服，衣非常。"

"衰（cuī）"指粗麻布制成的丧服；"绖（dié）"指用麻制成的丧带，系在头上的称"首绖"，系在腰上的称"腰绖"；"明器"指陪葬的器物，以使死者通达神明，故称"明器"；"潜服""衷甲"指将铠甲暗藏于衣内；"贼器""任器"指盗贼所使用、任用的伤人武器，古时的兵器上都有标记；"奇服"指不寻常的新奇的服饰；"怪民"指性情古怪、精神失常的人。以上皆不准进入王宫。

《礼记·曲礼下》篇中也有类似的规定："书方、衰、凶器，不以告，不入公门。"孔颖达注解说："'书'谓条录送死者物件数目多少，如今死人移书也。方，板也。百字以上用方板书之，故云'书方'也。"也就是说，"书方"指记录送给死者物件数目多少的方板。"凶器者，棺材及棺中服器也。""凶器"即棺材和棺材中的陪葬物。臣子死于宫中，以上丧葬器具必须入宫，以便收殓，但必须事先向国君告知，如果没有告知，则不准入宫。

出售丧葬用具的店铺称"凶肆"，"肆"即店铺。唐人白行简所著传奇《李娃传》中有对凶肆情形的形象描述："二肆之佣凶器者，互争胜负。其东肆车舆皆奇丽，殆不敌，唯哀挽劣焉。其东肆长知生妙绝，乃醵钱二万索顾焉。其党耆旧，共较其所能者，阴教生新声，而相赞和。"

两家凶肆都出售丧葬用具，也就是"凶器"，互争胜负。东肆的车舆非常华丽，别的店铺都比不上，只有挽歌唱得差。"醵（jù）"是凑钱的意思，东肆的老板知道一位公子的挽歌唱得妙绝，于是凑钱两万雇佣他。公子同伙中的老前辈把最拿手的本事传授给他，暗中教公子新的唱法，还为他伴唱。

近代学者尚秉和先生在《历代社会风俗事物考》一书中评论道："夫曰肆，曰佣凶器，则唐已有杠房。曰车舆，则唐时仍挽灵车，而非若今日之抬杠。曰其党耆旧，则是挽灵舆、执繐帷、吹箫、唱挽歌之人有专业者，遇事则凶肆召集之，无事则散。游手好闲，与凶肆二而一，一而二，一切均与今日同。"

"繐（suì）帷"指用细而疏的麻布缝成的灵帐，"杠房"指出售、出租丧葬用具和提供人力、鼓乐等的店铺，"杠"即抬棺材的粗棍。不过唐代的时候还是用人力牵挽灵车前行，不像今天抬着棺材走。顺便说一句，"抬杠"这一民间俗语即由此而来，用杠子抬棺材的

《玉茗堂还魂记》卷下『回生』插图，明代汤显祖撰，清乾隆五十年（1785）冰丝馆刊本。

　　汤显祖（1550—1616），字义仍，号海若、若士、清远道人，斋名玉茗堂，江西临川人，明代戏曲家、文学家。他的代表戏剧作品《还魂记》（即《牡丹亭》）、《紫钗记》、《南柯记》和《邯郸记》合称"临川四梦"，其中《还魂记》是其中最著名的一部，在思想和艺术方面都达到了创作的最高水准。《玉茗堂还魂记》据话本小说《杜丽娘慕色还魂》改编，全剧共五十五出，描写了大家闺秀杜丽娘与书生柳梦梅曲折传奇的生死恋。此插图出自清乾隆五十年冰丝馆刊本，该书以清晖阁本为底本，含版画三十九幅，刊刻十分精细。

　　这幅画是剧中第三十五出"回生"的插图。柳梦梅与杜丽娘之魂经过冥誓之后，按她的嘱咐到梅花观后园，太湖石边，梅花树下，与道姑、童子一起，挖开旧坟，迎杜丽娘还生。只见棺中"小姐端然在此。异香袭人，幽姿如故"。杜丽娘回生后，棺中随葬品和其他"凶器"如何处理呢？她吩咐："棺中宝玩收存，诸余抛散池塘里去。"又唱道："向人间别画个葫芦。水边头洗除凶物。"凶器沉到水里灭去痕迹，"宝玩"则成为他们的旅费家资。柳梦梅可谓人财两得。

时候要互相较力，因此引申指争辩、顶牛。

以上就是"凶器"的原始语义，即指包括棺材在内的丧葬器具。

北宋大型类书《太平广记》卷一百七十二引五代王仁裕所著《玉堂闲话》"杀妻者"一条，其中写道："某于一豪家举事，具言杀却一奶子，于墙上异过，凶器中甚似无物，见在某坊。发之，果得一女首级。"

"奶子"指乳母，"异（yú）"是抬的意思。此人到一豪贵之家办理丧事，都说一位乳母被杀，但是从墙上抬过的时候，却觉得棺材里面好像没有尸体，结果发现里面只有一颗人头。这里的"凶器"就是指棺材，可见五代时仍然称棺材为"凶器"。

《庄子·人间世》篇中引孔子的话说："名也者，相轧也；知也者，争之器也。二者凶器，非所以尽行也。"名声是互相倾轧的原因，智慧是互相争斗的工具。这两样东西都是凶器，不能尽行于世。这里的"凶器"属于抽象用法，比喻能够引起祸端的不祥的东西。

《国语·越语》篇中记载了范蠡的一段话："夫勇者，逆德也；兵者，凶器也；争者，事之末也。阴谋逆德，好用凶器，始于人者，人之所卒也；淫佚之事，上帝之禁也，先行此者，不利。"这是将兵器视为"凶器"，也就是今天"凶器"的唯一义项的来源。

扑满
为何用作存钱罐的代称

　　存钱罐别名"扑满"，今天在我国的一些地方还在使用这个称谓。这是一个极其古老的称谓，可以追溯到汉武帝时期。

　　记载西汉杂史的笔记《西京杂记》中讲了一个馈赠的故事。汉武帝下诏访求贤良，公孙弘此时已年届七十，被推举为贤良。故人邹长倩以其家贫，赠送给他许多东西，其中包括"扑满一枚"，并且写了一封信给公孙弘，信中解释为何送他"扑满一枚"："扑满者，以土为器，以蓄钱具，其有入窍而无出窍，满则扑之。土，粗物也，钱，重货也，入而不出，积而不散，故扑之。士有聚敛而不能散者，将有扑满之败，而可不诫欤？故赠君扑满一枚。"

　　原来，"扑满"只有入口而无出口，蓄满钱后"满则扑之"，故称"扑满"。邹长倩是借"扑满"告诫公孙弘"士有聚敛而不能散者，将有扑满之败"。公孙弘后来果然官至丞相，而且谨记"人臣病不俭节"的道理，以至于"家无所余"，正合"扑满"的寓意。

　　"扑满"作为"蓄钱具"的命名含有古人关于治国的深刻道理。宋人高承在《事物纪原》一书中怀疑"扑满"其名"出于畜聚之后"。"畜聚"通"蓄聚"，指国君节用爱人，容民畜众。西汉学者桓宽在《盐铁论·禁耕》中议论道："民人藏于家，诸侯藏于国，天子藏于海内。

故民人以垣墙为藏闭，天子以四海为匮匮。"因此"王者不畜聚，下藏于民"。这就是"畜聚"的本义，也就是邹长倩所说的"士有聚敛而不能散者，将有扑满之败，而可不诫钦"。

"扑满"的命名，实在是有古人之深意存焉，今人不可不察！

《太平乐事册》共十开，分别绘婴戏、骑牛、捕鱼、娱乐、戏耍、试射、耕罢、观戏、木马、牧归等不同主题，描绘社会安和、百姓乐业的景象，表现不同阶层庶民的丰富生活。这种图画一般在宫廷中流行，具有粉饰太平的政治功能。其中人物活动细节、室内场景布置、户外风景都描绘细腻。旧传为明代戴进作品。人物线条采用"钉头鼠尾"笔法，与戴进风格吻合，不过整体笔墨较弱，或为晚期浙派画家根据戴进真迹加以临仿之作。

此幅以"婴戏"为题，画庭院一角，有梧桐翠竹，山石掩映。书案上摆着文房四宝，一文士持龟摇钱，童子和老仆屈身弯腰，寻觅散落一地的几枚铜钱。转角圆柱旁，妇人牵着一个幼童正探头观看。画中人物神情生动，动作传神，画面活泼天真，笔墨酣畅。初看与"婴戏"之题颇为相合，也有研究者称方桌前文士以金钱卜卦、征凶断吉部分才是此作重点。大人卜卦与儿童游戏其实并不相悖，占了吉凶之后，童子拾得的金钱大可以放入各自的扑满呢。

布袋
原来是上门女婿的谑称

　　"布袋"就是布做的袋子，一望便知，难道还有什么别的讲究不成？答案是：还真有别的讲究，而且非常之有趣，"布袋"竟然是对招赘女婿的谑称！

　　两宋间学者朱翌所著《猗觉寮杂记》载："世号赘婿为'布袋'，多不晓其义。如入布袋，气不得出。顷附舟入浙，有一同舟者号李布袋，篙人谓其徒曰：'如何入舍婿谓之布袋？'众无语。忽一人曰：'语讹也，谓之补代。人家有女无子，恐世代自此绝，不肯嫁出，招婿以补其世代耳。'此言绝有理。"

　　由此可知，北宋和南宋时期，民间对招赘上门的女婿有一个别称叫"布袋"，但人们都不知道为什么称"布袋"。有人认为赘婿上门，地位很低，"如入布袋，气不得出"，活脱脱一个受气包。朱翌则认为"补代"之说更为合理，"补其世代"，以免绝了后。

　　篙人所说的"入舍婿"也指赘婿，亦称"舍居婿""进舍女婿"。北宋范致明所著《岳阳风土记》载："湖湘之民，生男往往多作赘，生女反招婿舍居。然男子为其妇家承门户，不惮劳苦，无复怨悔。"

　　不过，明末清初学者褚人获所著《坚瓠（hù）集》六集中引述宋代无名氏《潜居录》的说法："冯布少时，绝有才干，赘于孙氏，其外父有烦琐事，辄曰'畀布代之'。""外父"即指冯布的岳父，"畀（bì）"是给的意思，"畀布代之"即让冯布替自己去做事。按照这种说法，"布袋"之"布"乃指冯布，"袋"是"代"的音讹，原本应该写作"布代"。

褚人获又说："至今吴中谓赘婿为'布代'。"从宋代到清代，"布袋"的称谓从来没有废弃过，可见生命力之顽强。

褚人获还提供了一个更有趣的赘婿的别称："俗又呼'补代'为'野猫'，谓衔妻而去也。旋作'野冒'，即'补代'之意。"将赘婿比作衔着妻子逃跑的"野猫"过于可笑，也过于粗俗，因此才改称"野冒"，冒充之意则近于补而代替之意了。

中国民间俗语之丰富多彩，从赘婿的各种称呼上可见一斑，当然，对其语源的研究更是一件快事！

《琵琶记》第十九出『强就鸾凰』插图，元代高明撰，明万历二十五年（1597）汪光华玩虎轩刻本。

高明（约1305—约1371），字则诚，号菜根道人，元代戏曲作家，《琵琶记》是他的成名作。玩虎轩刻本《琵琶记》是徽州版画全盛时期的代表作。

《琵琶记》改编自宋元旧篇《赵贞女蔡二郎》，演述东汉书生蔡伯喈与妻子赵五娘悲欢离合的故事。原著中蔡二郎考中状元后，抛妻另娶，入赘相府，翻脸不认旧亲。《琵琶记》却将蔡伯喈的形象改造为"全忠全孝"的书生，让他的每一步行差踏错都出于无奈，并把悲剧结局改成了大团圆。

"强就鸾凰"一出讲的是蔡伯喈高中之后，牛丞相招他为婿，他辞婚未果，只得与牛小姐成亲的情景。画堂中珠围翠拥，繁弦脆管，欢声鼎沸。蔡伯喈是入赘的上门"布袋"，故而一双新人在牛府拜堂。书生半推半就地唱道："细思之，此事岂吾意？有人在高堂孤独。可惜新人笑语喧，不知我旧人哭。"未免有得了便宜卖乖之嫌。

行李
原来是使者

　　"行李"是出门时所携带的物品,但是为什么叫"行李"呢?"李"字是什么意思?恐怕很多人都不清楚。

　　原来,"行李"本应写作"行理"。《左传·昭公十三年》载:"行理之命,无月不至。"杜预注解说:"行理,使人,通聘问者。"出使的使者被称为"行理"。春秋战国时期,各国均设有"行人"一职,是掌管朝觐聘问的官员,后来就和"行理"一样用作使者的通称。

　　《国语·周语》载:"敌国宾至,关尹以告,行理以节逆之。"韦昭注解说:"理,吏也;逆,迎也,执瑞节为信而迎之。行理,小行人也。"按照韦昭的解释,"理"应该是"吏"字,"行理"应该写作"行吏",这样一来就好理解了,"行吏"即出使的官吏。但是也有人认为"理"和"李"是通假字,章炳麟《官制索隐》就持此说。唐人李匡乂所著《资暇集》则认为"李"是"使"的讹误,"行李"本来应该写作"行使",即出行的使者。

　　《左传·僖公三十年》最早使用"行李"一词:"行李之往来,共其乏困。"杜预注解说:"行李,使人。"清人郝懿行在《证俗文》中解释得最为明白:"古者行人谓之'行李',本当作'行理',理,治也。作'李'者,古字假借通用。"

除了使者的意思，"行李"还可以用作动词，即出使。《魏书·宗钦传》载："顷因行李，承足下高问，延仁之劳，为日久矣。"宋人叶适《送戴料院》诗："世路岂云极，念子行李频。"这里的"行李"都是出使的意思。

汉唐以后，"行李"开始指行旅，有时也指行旅之人。蔡文姬《胡笳十八拍》中写道："追思往日兮行李难，六拍悲来兮欲罢弹。"杜甫《赠苏四徯》诗云："别离已五年，尚在行李中。"这里的"行李"指行旅。元人傅若金《送张秀才北上时将赴海》诗云："身逐征帆赴海涯，道逢行李问京华。"惕微《光复汤邑小史》写道："舟行两日，遂抵兰溪，行李往还，此为通道。"这里的"行李"则指行旅之人。

大约从明代起，"行李"开始演变为出门旅行所携带的东西，这个义项就此固定，沿用至今。

《东海道五十三次之内 川崎 六乡渡舟》，歌川广重绘，约1833至1834年。

歌川广重（1797—1858），本名安藤重右卫门，十五岁时入歌川丰广门下。作为江户时代后期的浮世绘巨匠，广重最擅长"名所绘"（风景画）。他自身具有的文人品位与充满抒情意味的日本风景相结合，令画面呈现一种淡远的感伤情调，被称为"乡愁广重"。

1832年，广重随幕府队伍经东海道至京都，以此为素材，于1833年前后出版了《东海道五十三次》系列，奠定了浮世绘风景画大师的地位。东海道是连接江户和京都的古道，"五十三次"即沿途的五十三个"宿场"（驿站）。该系列借鉴西洋画的写实手法描绘驿站周边的沿途风光，构图洗练，色调清冷又浓郁，生动表现了变幻无穷的天光物象，渲染出悠悠行旅的气氛。

从江户（东京）出发，第三宿就是川崎，所以画面的背景中可以看到富士山。川崎宿附近有真言宗寺院平间寺，前往参拜的香客颇盛。画中的河流是六乡川，行人必须乘渡船过河。近景就是一艘正在过河的渡船，上面男男女女，或坐或立，有香客，有旅人，他们的行李归置在身边。对岸还有另一拨人马在等待，马背上载满行李货物，大概是出远门的行商。

纨绔子弟
"纨绔"是什么东西

　　人们常常把那些习气不好、终日游手好闲的富家子弟称作"纨绔子弟"。"纨绔"到底是什么东西，为什么可以借指富家子弟呢？

　　《说文解字》："纨，素也。"《释名·释采帛》："纨，涣也，细泽有光，涣涣然也。""纨（wán）"就是细致洁白的薄绸，也叫细绢。细绢制成的团扇称"纨扇"。《孔雀东南飞》中有"腰若流纨素"的名句，"纨素"即洁白的细绢，用以比喻女人的细腰。

　　《释名·释衣服》："绔，跨也，两股各跨别也。""绔（kù）"就是套裤，穿在最外面的裤子。

　　"纨绔"即用绫罗绸缎做成的裤子，这种裤子当然只有富户人家穿得起，富户人家的子弟因为富有不用干活儿，因此被称作"纨绔子弟"。

　　《汉书·叙传》载："（班伯）出与王、许子弟为群，在于绮襦纨绔之间，非其好也。""绮（qǐ）"是有花纹的丝织品；"襦（rú）"是短衣。"绮襦"即有花纹的丝绸上衣，正好跟"纨绔"配对，形容那些穿着绫罗绸缎做的上衣和裤子的富家子弟，多么形象！

　　晋灼的注解更是极言"绮襦纨绔"之华美："白绮之襦，冰纨之裤也。"鲜洁如冰的白绢竟至于被古人美誉为"冰纨"！

晋代葛洪所著《抱朴子·疾谬》中写道："举口不离绮襦纨袴之侧，游步不去势利酒客之门。"杜甫《奉赠韦左丞丈二十二韵》诗："纨袴不饿死，儒冠多误身。"指的都是贵戚之家的子弟。

《八达春游图》，五代十国赵嵒绘，绢本设色，台北故宫博物院藏。

赵嵒（yán），陈州（今河南淮阳）人，活动于十世纪上半叶，为五代后梁开国皇帝朱温之驸马。他擅画人物鞍马，精鉴赏，也是一位收藏家，曾于唐末乱世之时重金收购名画五千余幅，有"赵家画选场"之称。

此作描绘八位贵族男士在春日骑骏马出游的场景。画工细腻，风格华丽，应是一幅宫廷画。画中八人纵马游春，似以中间一人为主体，相互招呼顾盼。周围环境似是园林宫囿，有湖石栏杆，草木皆新绿，马蹄轻快，人物神情轻松自如，洋溢着踏青春游的愉悦气氛。画名《八达春游图》中的"八达"一词，有学者认为很可能指朱温的八位皇子。身为驸马的赵嵒描绘皇子的宫苑活动，倒也十分合适。这些贵人身着红、紫、绿三色袍服，个个鲜衣怒马，可谓名副其实的纨绔子弟。

作主
原来是制作神位

在现代汉语中，"作主"和"做主"这两个词常常混用，都表示对某件事作出决断并负全责的意思。之所以混用，是因为人们对"作主"一词的词源完全不懂，如果了解了"作主"一词在古汉语中的词源，就绝对不会再用错这两个词了。

《左传·僖公三十三年》载："葬僖公，缓作主，非礼也。凡君薨，卒哭而祔，祔而作主，特祀于主，烝尝禘于庙。"这段话是讲国君死后的葬仪和祭礼。祔（fù），即祭名，将新死者的神位附祭于先祖；特祀，即单独向新死者祭祀；烝，冬祭；尝，秋祭；禘，是最为隆重的大祭。国君死后，哭完十几天之后，将死者的神位附祭于宗庙，单独向死者的神位祭祀，然后每逢烝祭、尝祭、禘祭的时候，就在宗庙中连同其他先祖一同祭祀。

"祔而作主"，杜预注解说："以新死者之神祔之于祖，尸柩已远，孝子思慕，故造木主立几筵焉。"孔颖达进一步解释说："以新死者之神祔之于祖，尸柩既已远矣，神形又不可得而见矣，孝子之思弥笃，傍徨求索，不知所至，故造木主立几筵。"按照礼制，国君死后十几天就要制作神主，但是鲁僖公死了十个月才开始制作，所以称作"非礼"，不符合礼制。

关于神主，范宁注《春秋谷梁传》："主，盖神之所凭依，其状正方，穿中央，达四方。天子长尺二寸，诸侯长一尺。""作主"本为天子和诸侯之制，发展到后来，平民百姓也开始为祖先制作神主了。

古代丧礼中，制作完祖先的神主后，牌位上的"主"字要空出上面的一点，然后主人盛装，备礼，请上宾用朱笔将此一点补上，称之为"点主"。"点主"的仪式是在"作主"之后。

"作主"由此引申为做主人，但仍然不能写成"做主"。苏轼在《和文与可洋川园池三十首·北园》一诗中写道："北园草木凭君问，许我他年作主无。"即是明证。后人早已不解"作主"乃是制作神主的本义，因此才将"作主"和"做主"混用。

《百孝图》卷三（利册）『梦母示丸』，清代俞葆真编，俞泰绘图，同治十年（1871）河间俞氏刊本。

俞葆真，字兰浦，清代会稽（今浙江绍兴）人。咸丰年间，俞葆真观《百美新咏》，愤于其"贞淫杂录，妍媸并载"，故甄选孝德事迹百人百例，上自虞舜，下迄前明，博采史传，旁及杂录，为之绘图著说，刻印付之于世，是为《百孝图》。全书共分元、亨、利、贞四卷，仿《百美新咏图传》体例，右图左文，文字均为写刻，版图刻绘人物形态毕现，细腻传神，为清代劝孝类书版画精品。鲁迅先生曾藏有此书，在《朝花夕拾·后序》中讽刺说："人重色而己重孝，卫道之盛心可谓至矣。"

"梦母示丸"的故事出自《南史·丘杰传》：邱杰年十四，遭母丧，以熟菜有味，不尝于口。岁余，梦母曰："死止是分别耳，何事乃尔荼苦？汝啖生菜，遇虾蟆毒，灵床前有三丸药，可取服之。"杰惊起，果得一瓯，瓯中有药，服之，下蝌蚪子数升。

这是一个有趣的故事，十几岁的孩子为守孝只吃生菜，结果感染了寄生虫，梦见母亲指引他服药，很可能是巧合，在灵床前果真找到了药丸。此"灵床"指的是供奉神主的几筵，恰如图中所绘，"灵床"上尊奉神主牌位，前面有香烛之属，这个孩子大概日日祭拜于此。

灵柩
不是棺材

　　"灵柩"乃古语，在今天的口语中已经很少使用，但是在丧葬的庄重场合，书面语中还常常使用。试想一下，埋葬亲人或者有身份的人，讣告或者报章中如果使用"棺材"一词，那是多么煞风景的事，而且也是对死者的大不敬。于是就有人附庸风雅，赚到钱之后，打算重新安葬祖辈，要为祖辈换一副上好的"灵柩"。这是对"灵柩"一词的严重错用，盖因不懂得"灵柩"和"棺材"的区别。

　　"灵柩"和"棺材"最根本的区别在于："虚者为棺，实者为柩。"没有装尸体的叫"棺"，死者已入殓的棺材叫"柩"。上述附庸风雅之人，打算为祖辈换的其实是棺材，"灵柩"乃是装有尸体的棺材，去买来一副装有尸体的棺材干吗？实属荒唐。

　　《礼记·曲礼下》说："在床曰尸，在棺曰柩。"为什么叫"柩"呢？《释名·释丧制》解释说："柩，究也，送终随身之制皆究备也。"《白虎通义》解释说："柩之为言究也，久也，久不复变也。"其义甚明。"灵"则是敬辞，是对死者的敬称。"灵柩"，"灵"在"柩"中，"柩"当然是指已经入殓死者的棺木。

　　此外还有更多的讲究，《小尔雅·广名》中说："空棺谓之榇，有尸谓之柩。"空着的棺材叫"榇（chèn）"，因为死者的尸身将

此卷经徐邦达先生考证后正名为《迎銮图》，应出自南宋宫廷画家之手，涉及南宋抗金战争中一个重要历史事件——韦后南归。韦后为宋高宗赵构生母，"靖康之变"时被金军俘虏北上。绍兴十一年（1141），宋、金达成第二次和议，开启了近一百年南北分治的局面。根据协议，绍兴十二年，金人允许韦后携宋徽宗及其后郑后、钦宗后邢后棺枢归宋。此卷即描绘了宋太尉曹勋和平乐郡王韦渊（韦后之弟）率领仪仗在淮河南岸迎归韦后一行的场景。

这段画面位于画卷之左，描绘南归人马。中间十六人抬棕顶宝盖大肩舆中乘坐的便是韦后。肩舆后面紧跟着两乘牛驾车，锦纹绣幔，装饰华美。车中安放的应是徽宗和郑皇后的灵柩。一同南归的邢皇后灵柩可能在更后方，没有进入画面。据野史记载，此时徽宗棺中并没有真正的尸骸，他死后，遗体早被金人草草处置，棺中仅以一段木头代替。无论如何，是年八月，徽宗梓宫抵宋，归葬永固陵（后改名永佑陵）。

来要躺在里面，"以亲近其身"，因此"槻"从木从亲，跟"棺"是同一个意思。

棺材以木料制成，故称"棺材"或"棺木"。从古至今，人们对棺木的选择都非常讲究。帝王将相的棺木专用金丝楠木，不仅百虫不侵，而且埋在地下长达几千年都不会腐烂；富贵之家的棺木则用杉木，由十三根圆杉木拼成，称为"杉木十三圆"。2007年江西靖安东周墓葬出土的四十七具棺材，都是由产于原始天然林的杉木制成，可见东周时已经广泛使用杉木制作棺材了。

古时棺材外面还要再套一层大棺，叫作"椁（guǒ）"，合称"棺椁"。这就是表示死者身份和等级的棺椁制，当然只能由帝王、贵族和官员享用，庶民是没有资格享用的。

扶老
原来是拐杖的雅称

　　"扶老"今天不是一个可以单独使用的词汇，而是与"携幼"组合成一个常用的成语"扶老携幼"，形容所有的人都出动了，连老人、小孩儿都不例外。不过，古时"扶老"一词不仅可以单独使用，而且竟然还是拐杖的雅称！

　　最初，古人将一些质地坚硬、可以做手杖的树木、藤类、竹类命名为"扶老"，这一命名流行于魏晋时期。

　　《诗经·大雅·皇矣》的第二章吟咏了周部族的先祖古公亶父迁居岐山之下的周原之后开辟荒莽的动人景象，其中有"启之辟之，其柽其椐"的诗句。"柽（chēng）"即柽柳，落叶小乔木，耐干旱。"椐（jū）"是一种多肿节的小树，三国时期吴国学者陆机注解说："节中肿，似扶老，今灵寿是也。今人以为马鞭及杖。"因此又称"灵寿木"。

　　《山海经·中山经》中载龟山"多扶竹"，两晋学者郭璞注解说："邛竹也。高节实中，中杖也，名之扶老竹。"此竹因产于邛都（今四川西昌东南）而得名"邛竹"，邛竹所制的手杖最为有名，称"邛杖"或"邛竹杖"，甚至远销中亚的大夏王国，《史记》载张骞出使西域时就曾经在大夏见过。

顾名思义，"扶老"之所以可以作为手杖或拐杖的雅称，当然是因为可供老人凭借、扶持的缘故。古人非常重视奉养老人，历朝历代都颁布有养老制度。据《周礼》记载，周代有"罗氏"一职，职责之一是："中春，罗春鸟，献鸠以养国老。""中春"即"仲春"，指阴历二月；"国老"指告老退职的卿、大夫、士。罗氏仲春时要设网捕捉春鸟。那么为什么要向国老献鸠呢？郑玄注解说："春鸟，蛰而始出者……是时鹰化为鸠，鸠与春鸟变旧为新，宜以养老助生气也。"古人认为仲春的时候，鹰化而为鸠，献鸠于国老，乃是变旧为新、助养生气之意。

唐代大型类书《艺文类聚》卷九十二引东汉学者应劭《风俗通》佚文载："《周礼》罗氏献鸠养老，汉无罗氏，故作鸠杖以扶老。"古人认为鸠能聚集阳气，又是不噎之鸟，因此才向国老献鸠。而汉代没有罗氏一职，于是象征性地制作了"鸠杖"赐给老人以"扶老"。"扶老"一词始出于此。此即《后汉书·礼仪志》所载："年始七十者，授之以王杖……王杖长九尺，端以鸠鸟为饰。鸠者，不噎之鸟也。欲老人不噎。"之所以在杖头雕刻鸠的形状，是因为鸠乃传说中的不噎之鸟，吃东西不会噎着，因此才赐给老者，提醒他们吃饭时千万别噎着。

李时珍则在《本草纲目》中给出了医学的解释："鸠能益气，则能明目矣，不独补肾已尔。古者仲春罗氏献鸠以养国老，仲秋授年老者以鸠杖，云鸠性不噎，食之且复助气也。"

"鸠杖"的来历还有一种说法，同样出自《艺文类聚》卷九十二所引《风俗通》佚文："俗说高祖与项羽战，败于京索，遁丛薄中，羽追求之，时鸠正鸣其上，追者以鸟在，无人，遂得脱，及即位，异此鸟，故作鸠杖，以赐老者。"

楚汉相争时，项羽和刘邦在河南荥阳南打了一场大仗，史称"京索之战"，汉军由名将韩信指挥，把项羽的楚军打得大败，汉军因此一举扭转了不利的局势，重振旗鼓，得以和楚军长期相持。不过，在战争初期，刘邦有一次兵败，仗着鸠鸟方才逃过一劫，因此而制作了"鸠杖"。

有趣的是，"扶老"还是一种名为"秃鹙"的水鸟的别称。据西晋学者崔豹所著《古今注·鸟兽》载："扶老，秃秋也，状如鹤而大，大者头高八尺，善与人斗，好啖蛇。"不过，宋代无名氏所著《采兰杂志》中却驳斥了这一说法："山中老人以秃鹙头形刻杖上，谓之扶老，以此鸟能辟蛇也。《古今注》以秃鹙为扶老，甚谬。"也就是说，在山中生活的老人，为了避蛇患，将秃鹙头部的形状刻在手杖上，秃鹙因此而得名"扶老"，崔豹则颠倒了因果关系。

以上即为"扶老"作为手杖或拐杖雅称的来历。

赏赐"鸠杖"的习俗一直延续到清代，据清人昭梿所著《啸亭续录》记载："康熙癸巳，仁皇帝六旬，开千叟宴于乾清宫，预宴者凡一千九百余人。乾隆乙巳，纯皇帝以五十年开千叟宴于乾清宫，预宴者凡三千九百余人，各赐鸠杖。"规模之大，令人叹为观止！

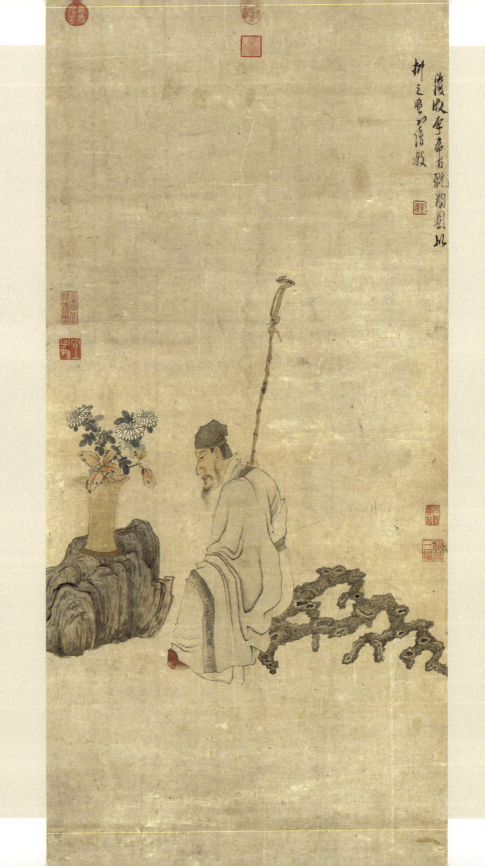

《玩菊图》，明代陈洪绶绘，纸本设色，台北故宫博物院藏。

陈洪绶画人物花鸟草虫无不精妙，皆能自出机杼，画风往往高古奇骇，意趣盎然。此幅绘一高士，侧身扶杖，坐于木瘤矮凳上，独对置于山石上的一大瓶秋菊，神情淡漠，意态萧然。此高士自然是陶渊明。画中人所持"扶老"古朴自然，不雕不刻，杖头以天然形态略具鸠鸟之意，在似与不似之间。

陶渊明历来为画家钟爱。宋元以后的陶渊明画像渐趋定型，大多细目、长髯、葛巾，宽袍、木屐，衣带飘然、体型微胖、面朝左侧，还有必不可少的——藜杖，或曳杖而行，或扶杖而立，特征非常明显。陈洪绶笔下的陶渊明则自出心裁，面貌高古，笔意奇崛，令人耳目一新。

青衫
为何代指失意的官员

　　白居易的名篇《琵琶行》中，最后两句是："座中泣下谁最多？江州司马青衫湿。"这是脍炙人口的名句，不少人都会背诵。白居易为何身穿"青衫"呢？这跟唐代官员官服的颜色有关。

　　唐代官员的服色依官品而定，三品以上穿紫色官服，四品着深绯色（深红色），五品着浅绯色（浅红色），六品着深绿色，七品着浅绿色，八品着深青色，九品着浅青色。古人把蓝色称作青色，由"青出于蓝而胜于蓝"的成语可知。

　　元和十年（815），白居易四十四岁，正当盛年，却被贬为江州司马。江州即今江西九江；司马是刺史的副职，有职无权。被贬官的原因是当朝宰相武元衡和御史中丞裴度被政敌暗杀，白居易上疏建议严惩凶手，不料当权派指责他本是太子东宫的官员，反而抢在谏官之前议论朝政，属于越级行为。更可笑的是四年前白居易的母亲精神失常，赏花时掉进井里淹死了，当权派指责白居易居然还在写赏花和新井的诗，有伤孝道，结果白居易被驱逐出京，贬为江州司马。

　　江州司马本是五品官，按规定应该穿浅红色的官服，不过写《琵琶行》这一年，白居易却是一名散官，即有官名而无固定职事的官员。

白居易散官的头衔是将仕郎，品级是从九品下，是最低级的文散官，因此只能穿"青衫"。

白居易一生对象征高官显位的绯服十分向往，诗中屡屡吟咏这一服色，如"白头俱未着绯衫""五品足为婚嫁主，绯袍着了好归田"。正因为升不了官儿，郁郁不得志，白居易"浔阳江头夜送客"，"忽闻水上琵琶声"，遇见了"老大嫁作商人妇"的琵琶女，看看自己的一袭青衫，再看看"去来江口守空船"的琵琶女，这才感怀身世，吟出了"同是天涯沦落人，相逢何必曾相识"的千古名句。如果此时白居易不是穿的"青衫"，而是"着绯衫"，他才不会发出这样凄凉的感叹呢！

白居易真的穿上绯衫，是在五十岁这一年："吾年五十加朝散，尔亦今年赐服章。"朝散大夫是从五品下，白居易终于穿上了梦寐以求的绯衫，尽管是浅绯衫。五十六岁时，白居易拜秘书监，散官为中大夫，中大夫属于从四品下，尽管还不够穿紫色官服的资格，不过唐文宗还是特赐白居易服紫以示恩宠，白居易有诗道："紫袍新秘监，白首旧书生。"从此之后，白居易终于跻身高官行列："勿谓身未贵，金章照紫袍。"直至去世。

从白居易之后，"青衫"就成为失意官员的借指。欧阳修《圣俞会饮》："嗟余身贱不敢荐，四十白发犹青衫。"王安石《杜甫画像》："青衫老更斥，饿走半九州。"都是这个意思。

古代的学子所穿的衣服也是青衫，因此"青衫"一词也用来借指学子和书生。宋人刘过《水调歌头·寿王汝良》："斩楼兰，擒颉利，志须酬。青衫何事，犹在楚尾与吴头。"这里的"青衫"即指书生。

《浔阳送别图》（局部），明代仇英绘，绢本设色长卷，美国纳尔逊－阿特金斯艺术博物馆藏。

这是一卷工笔青绿山水画，依据唐代诗人白居易《琵琶行》诗意而绘。秋风萧瑟，诗人于浔阳江边送客，忽闻水上琵琶声，主人下马，客舟不发，于是邀琵琶女同坐，听曲夜话，感遇伤怀。水面二舟并列，大者为送客行舟，小舟只露船头，应是商妇之船。江面水波粼粼，江心一轮秋月。远处青山隐隐，雾霭悠悠，林木苍翠中略染秋色，画面清丽静谧。

兼善多能的仇英于青绿山水一道极为出色，被董其昌推许为"五百年而有仇实父"。船上人物，背对观者低首弹奏的是琵琶女，面向船头而坐、神情忧郁的应是白居易。在画家笔下，他的一身衣衫作浅浅的莲青色，更近于淡紫而非浅蓝，显得人物十分清雅。

使节
原来与刻字的符节有关

　　派驻国外的大使或代表称作"使节",这个称谓是怎么来的呢?"节"又称符节、符信,用金、玉、竹、木、铜等各种材质制成,上刻文字,分为两半,使用时以两半相合为验,是古代中国使者所持的重要凭证。

　　据《周礼》载,周代有"掌节"一职,职责是掌管邦国的使节。郑玄注解道:"使节,使卿大夫聘于天子诸侯,行道所执之信也。"

　　符节的等级有具体的规定:"守邦国者用玉节,守都鄙者用角节。"天子和诸侯的使者要使用玉制的"玉节",公卿大夫的使者要使用犀牛角制的"角节"。"山国用虎节,土国用人节,泽国用龙节,皆金也。"多山的诸侯国因为老虎多,所以要使用虎形的"虎节";多土地的诸侯国因为人多,所以要使用人形的"人节";多水的诸侯国因为龙多,所以要使用龙形的"龙节"。这三种符节都要求用金属制成,盛在有画饰的函中。

　　汉代的"竹使符"即由此而来。竹使符是竹制的信符,右边的一半留在京城,左边的一半授予郡国。凡是发兵,一律使用铜制的虎符,其余的征调才使用"竹使符"。应劭解释过"竹使符"的形制:"竹使符皆以竹箭五枚,长五寸,镌刻篆书,第一至第五。"

对出入国门、关门，《周礼》也有细致的规定："门关用符节，货贿用玺节，道路用旌节。"负责管理国门和关门的人，只需使用普通的竹制"符节"即可；如果是财货出入，必须使用玉制的"玺节"；特使出访要持"旌节"。"旌节"跟其他的符节不同，虽然也是竹制的，但是柄长八尺，必须手持，而且竹节上缀有三重牦牛尾作装饰。汉武帝当年派遣苏武出使匈奴，苏武被匈奴扣留，放逐到北海去牧羊，苏武仍然持着这种旌节，时间久了，"节旄尽落"，节上的牦牛尾全都掉落了。

有一个成语叫作"若合符节"，比喻两者完全吻合，就是从这些符节而来，形容两半符节刚好能够合在一起。起源于各种符节的"使节"一词，后来就泛指一国派驻另一国的外交人员。

此作旧传为元代画家刘贯道所绘。刘贯道善画释道人物，山水花鸟亦能集诸家之长。画作笔法凝练，坚实有力，造型准确，生动传神。不过此幅实出自明代浙派佚名画家手笔。

《苏李泣别图》描绘汉武帝时期苏武、李陵的故事。苏武出使匈奴被羁，守节不屈，徙北海牧羊十九年。李陵出征匈奴，力竭被俘，武帝诛其家后被执而降，遂不得归汉。李陵闻苏武将返，特来相饯。苏李二人执手相握，

泫然对泣，不胜哀戚。但见冰天雪地之中，两人互相慰藉，百感交集。一个虽终得放还却已备尝艰辛，一个忍辱偷生无家可返。朔风肃肃，大漠茫茫，羊只依恋在苏武身侧，李陵的随从也面露同情不忍之色。

画中苏武手持八尺竹制旌节，应缀有三重牦牛尾，不过十九年过去，节旄已落得差不多了，残余部分稀稀零零垂下来，早已不复蓬松。画上一只调皮的羊儿仰首欲啮旄尾，给凄凉的画面增添了一点暖意。

尚方宝剑
"尚方"原来是官署名

　　"尚方宝剑"也可以写作"上方宝剑""尚方剑""上方剑"。在古代小说、戏曲和今天的古装戏中常常能够听到这一称谓，皇帝赐给钦差大臣一柄"尚方宝剑"，如同赐予了皇帝本人的权力，可以先斩后奏，其威慑力令贪官们闻风丧胆。那么，"尚方"到底是什么东西？为什么称作"尚方宝剑"呢？

　　原来，"尚方"是官署名。尚，主也，特指为皇帝本人掌管各种事务，比如秦代置有尚冠、尚衣、尚食、尚沐、尚席、尚书这"六尚"，专门负责皇帝的私人事务。"尚方"也是秦代始置，汉代因袭。

　　据《汉书·朱云传》载，为人狂直的朱云屡屡上书抨击朝臣，有一次要求汉成帝"臣愿赐尚方斩马剑，断佞臣一人，以厉其余"，颜师古注解说："尚方，少府之属官也，作供御器物，故有斩马剑，剑利可以斩马也。""尚方"是少府的属官，职责是"作供御器物"，就是制作供给皇帝本人使用的各种器物。"尚方斩马剑"即"尚方宝剑"，普通的剑斩人即可，此剑之锋利竟至于能够斩马，可见"尚方"在制作上都属奢侈品。

　　除了"尚方宝剑"，再来看看"尚方"还能制作什么器物。

　　《史记·绛侯周勃世家》："条侯子为父买工官尚方甲楯五百

被可以葬者。"周亚夫被封为条侯，他的儿子为父亲准备各种葬具，在"尚方"掌管工务的官员处买了五百具盔甲和盾牌，但"尚方"制作的器物只供皇帝本人使用，这一举动属于僭越，因此周亚夫被下狱致死。此即颜师古所说"尚方主作禁器物"，既为"禁器物"，那么只能供皇家专用。

《汉书·韩延寿传》："延寿又取官铜物，候月蚀铸作刀剑钩镡，放效尚方事。""镡（xín）"似剑而小。韩延寿用官铜铸造这些兵器，以候月食而作法。既云仿效尚方之事，可见这也是"尚方"的日常职责。

《汉书·郊祀志》："栾大，胶东宫人，故尝与文成将军同师，已而为胶东王尚方。"颜师古注解说："主方药。"

综合"尚方"所作器物或职责，颜师古有一个最为准确的解释："尚方主巧作。""巧作"即是"尚方"的"方"字的本义：奇巧之方。"尚方宝剑"也属于"巧作"的奢侈品，虽然锋利，但只是一个至高无上的象征，真的要用来杀人，估计皇帝是舍不得的。

《纳谏图》，明代刘俊绘，绢本设色，美国大都会艺术博物馆藏。

刘俊，字廷伟，生卒年不详。明代画家，工人物、山水、界画。主要继承南宋"院体"画传统，属精工巧密一路。人物画比例准确，注重表情刻画，衣纹用铁线描，秀劲洗练。

此画的风格、布局、技法均颇似台北故宫博物院所藏宋人《却坐图》和《折槛图》，描绘发生在宫廷朝堂的历史故事。《折槛图》画的是汉成帝时大臣朱云犯颜直谏的典故，《却坐图》画的是汉文帝时爰盎谏止宠妃慎夫人与帝、后并坐的故事。本幅作品据推测是临摹之作，只是描绘的具体内容却不得其详。松树下一位绿袍大臣正在持笏进言，显然他已惹恼了皇帝，一个盔甲鲜明的宫廷卫士凶神恶煞般拦腰阻挠他再次上前。另两位大臣躬身劝解。帝座右首是三个侍卫，各持仪仗，交头接耳。

画上人物动作、表情呼应有致，笔法工整，线条劲健，设色细腻。其中一个蓝巾侍卫手握宝剑一柄，不知可是朱云所请的那"尚方斩马剑"呢？

首饰
原来指男人的帽子及其饰物

　　"首饰"一词今天专指女人佩戴的装饰品，可是在古代，"首饰"的意思却完全相反，专指男人所戴的帽子。

　　《后汉书·舆服志》载："上古穴居而野处，衣毛而冒皮，未有制度。后世圣人易之以丝麻，观翠翟之文，荣华之色，乃染帛以效之，始作五采，成以为服。见鸟兽有冠角𩑾胡之制，遂作冠冕缨蕤，以为首饰。"

　　"翚（huī）"是五彩皆备的雉鸡，"翟（dí）"是长尾的雉鸡，"荣华"指开花，"缨"指系于颈下的帽带，"蕤（ruí）"指悬垂的饰物。所谓"首饰"，即指冠冕及其系带、悬垂的缨蕤，而冠冕、缨蕤都是士大夫以至天子的服饰制度，因此"冠冕"可借指仕宦，"缨蕤"可借指士大夫。

　　《后汉书》又写道："秦雄诸侯，乃加其武将首饰为绛袙，以表贵贱。""袙（pà）"是所戴的头巾。秦代时给武将戴的帽子上增加了红色的头巾，用来区分贵贱。古代男子到了二十岁就要举行冠礼，要戴上帽子，可见在秦代之前，人们就已经把帽子称作"首饰"了。

　　周代时，女人头上的冠戴服饰称"首服"或"首伏"，还专门设置了一个"追师"的官职，"掌王后之首服"。大约从西汉末年开始，"首饰"一词开始通用于男女，男女头上所佩戴的装饰品一律称作"首饰"。《汉书·王莽传》载："百岁之母，孩提之子，同时断斩，悬头竿杪，珠珥在耳，首饰犹存。""杪（miǎo）"指树枝的细梢。曹植在《洛神赋》中吟咏道："戴金翠之首饰，缀明珠以耀躯。"刘禹锡《浪淘沙》其六："日照澄洲江雾开，淘金女伴满江隈。美人首饰侯王印，尽是沙中浪底来。"由此可知，唐代时"首饰"一词已经专指女人头上的装饰品了。

《历代帝王图》（局部）『隋文帝杨坚』像，（传）唐代阎立本绘，绢本设色长卷，美国波士顿美术馆藏。

阎立本（约601—673），雍州万年（今陕西西安）人，唐代著名画家，北周武帝宇文邕的外孙。擅长工艺，多巧思，尤善图画，凡画人物、冠冕、车服，皆神妙也。画作线条刚劲有力，色彩古雅沉着，备受当世推重，有冠绝古今之美誉。

《历代帝王图》又称《古帝王图》，无款，传为阎立本所作，现存者为宋人摹本。该卷描画了自汉至隋的十三位帝王群像，每个帝王成一组，各有随侍，侍从的身形明显小于帝王。该画无背景，主要通过外貌的精细刻画表现不同人物的个性和气质，暗寓褒贬。

这组画像中，隋文帝杨坚身着冕服，手握剑柄，在侍从陪衬下缓步前行，表情沉稳，目光坚定，刻画出一位有作为的开国皇帝形象。

冕服是古代王侯最高等级的礼服。图中隋文帝所着为"大裘冕"，配十二旒冕冠，玄衣纁（浅绛红色）裳，上绣日月星辰等十二章纹，另有蔽膝、绶、佩等配件。冠以皂纱为之，冕板以桐木为质，前后各一挂五彩玉旒，以玉衡维冠，玉簪贯纽，缨带双垂，黄玉充耳。所谓"欲戴王冠，必承其重"，这一套"首饰"想必重量不菲。

哭丧棒
原来有竹杖和桐杖之分

　　"哭丧棒"是古时父母过世后，出殡时孝子所持表示悲哀之杖，今天有些地方的农村尚有此遗制。不过今天口语中使用的"哭丧棒"一词，更多的是取其象征意义，用来诅咒持棒人父母双亡，属于民间詈骂之辞。

　　"哭丧棒"是古代丧礼中的必备物品之一。为什么孝子必须手持此棒呢？《礼记·问丧》解释得非常清楚："或问曰：杖者以何为也？曰：孝子丧亲，哭泣无数，服勤三年，身病体羸，以杖扶病也。则父在不敢杖矣，尊者在故也。堂上不杖，辟尊者之处也。"

　　原来，父母过世后，孝子悲痛欲绝，还要服丧三年，体质羸弱，所以居丧期间一定要"以杖扶病"。不过如果为母亲守丧而父亲还健在的话，就"不敢杖"；在堂上也不能扶杖，因为堂上是尊者所处之地。

　　《礼记·问丧》又说："或问曰：杖者何也？曰：竹、桐一也。故为父苴杖，苴杖，竹也；为母削杖，削杖，桐也。"

　　父丧要持竹杖，又叫苴杖；母丧要持桐杖，又叫削杖。苴（jū）者，黯也，父亲过世，心中非常悲痛，表现在面色上，即为黯淡无光，故称"苴杖"；削者，削夺也，母亲过世，其悲痛不能超过父丧，因此要削夺去脸上的苴色，故称"削杖"。

之所以父丧用竹杖，母丧用桐杖，东汉学者班固撰集的《白虎通义》中解释说："以竹何？取其名也。竹者蹙也，桐者痛也。父以竹，母以桐何？竹者阳也，桐者阴也。竹何以为阳？竹断而用之，质，故为阳；桐削而用之，加人功，文，故为阴也。"

"竹者蹙也，桐者痛也"，这是取其同音：蹙，愁苦，故用竹；痛，悲痛，故用桐。又说"竹者阳也，桐者阴也"，这是取其阴阳：竹断而为杖，顺其本性，故曰"质"，本来的秉性，属阳；桐必须人工砍削而为杖，故曰"文"，人工的纹饰，属阴。

这就是"哭丧棒"的由来。不过最初的时候叫作苴杖或竹杖、削杖或桐杖，名称何其古雅！到了明清世俗社会发达的时代，这种古雅的名称已经不适合粗俗化的日常生活，因此才用"哭丧棒"这个字面意思一望便知、同时又极其粗俗的名字代替，一直流传到今天。

　　秦可卿之死是《红楼梦》前八十回中浓墨重彩的大事件，作者前后用了三回才将这件事的首尾讲述完全。此图所绘场景出自第十四回"林如海捐馆扬州城　贾宝玉路谒北静王"，该回主要描述凤姐协理宁国府及秦可卿出殡发丧诸细节。因贾珍的重视，秦氏葬礼办得声势浩大，极为风光。先停灵设醮，做了四十九日水陆道场。到出殡之日，送葬队伍浩浩荡荡，压地银山一般，连着僧道、灵幡、各色执事、陈设、百耍，一带摆出去三四里远。走不多时，路旁彩棚高搭，设席张筵，和音奏乐，俱是各家路祭。其中包括北静王水溶，祭奠过亡人后，又宣宝玉来谒见，显得两家十分亲热，给足了贾府荣光。

　　秦氏死后，她的丫鬟宝珠甘心愿为义女，誓任摔丧驾灵之任。在出殡之日，灵柩起动前，先由孝子或孝女在灵前摔碎瓦盆一只，叫作"摔丧"；瓦盆一摔，犹如号令，扛夫们迅速起灵，孝子或孝女扛起引魂幡或牵引灵车而走，叫作"驾灵"。秦氏无后，在秦氏葬礼上，这项仪式便由宝珠担任，她行未嫁女之礼，十分哀苦。因书中未曾提及，所以不知她是否要手持"哭丧棒"。

摇钱树
原来是形容妓女

各种辞典都把"摇钱树"解释为神话传说中的一种宝树，摇一摇钱就会掉下来，因此用来比喻能够借以生财的人或物。但是神话典籍中却并没有"摇钱树"的记载，至于民间传说，也没有有力的文献支持。追根溯源，"摇钱树"最初竟然是对妓女的称谓！

唐代音乐理论家段安节所著《乐府杂录》中有一篇歌序，开篇就讲了金吾将军韦青和歌女永新的故事："开元中，内人有许和子者，本吉州永新县乐家女也，开元末选入宫，即以永新名之，籍于宜春院。既美且慧，善歌，能变新声。韩娥、李延年殁后千余载，旷无其人，至永新始继其能。"

有一次唐玄宗在勤政楼大摆筵席，观者如堵，喧嚷声盖过了百戏之音。唐玄宗大怒，就想罢宴，高力士赶紧上前献计："命永新出楼歌一曲，必可止喧。"然后"永新乃撩鬓举袂，直奏曼声，至是广场寂寂，若无一人，喜者闻之气勇，愁者闻之肠绝"。由此可见，永新原来是一位女高音歌唱家。

不过永新的命运很凄惨，恰逢安史之乱，"六宫星散，永新为一士人所得。韦青避地广陵，因月夜凭阑于小河之上，忽闻舟中奏水调者，曰：'此永新歌也。'乃登舟与永新对泣久之"。永新最后的结局是："后士人卒，与其母之京师，竟殁于风尘。及卒，谓其母曰：'阿母，钱树子倒矣！'"

永新"殁于风尘"，当了妓女，临死前自称为母亲的"钱树子"，后人即以"钱树子"称娼妓。明代市民文学发达，更加朗朗上口的"摇钱树"一词便取代了古雅的"钱树子"的称谓，比如冯梦龙的著名小说《杜十娘怒沉百宝箱》，妓女杜十娘被李公子占住，老鸨骂道："别人家养的女儿便是摇钱树，千生万活，偏我家晦气，养了个退财白虎！"可见"摇钱树"此时已是对妓女的通称。

《警世通言》卷三十二『杜十娘怒沉百宝箱』插图，明代冯梦龙编，天启四年（1624）序刊本。

冯梦龙（1574—1646），字犹龙，一字耳犹，别署龙子犹、顾曲散人、墨憨斋主人、姑苏词奴等，长洲（今江苏苏州）人。明代文学家、戏曲家，一生著作丰富。《警世通言》是他纂辑的话本小说集，与另两种话本小说集《喻世明言》《醒世恒言》合称"三言"，是中国古代白话短篇小说的经典代表。

《警世通言》共四十卷，每卷为一篇短篇小说，收录宋元话本及明代的拟话本。爱情主题在书中占了很大比例，其中《杜十娘怒沉百宝箱》一篇在思想性和艺术性方面代表了明代拟话本的最高成就。

杜十娘为京城名妓，与太学生李甲相爱，赎身后随其归乡。李甲却于途中以千金之资将十娘转卖于新安盐商之子孙富，最终杜十娘怒沉百宝，痛斥李甲，投河自尽。杜十娘本名杜媺，时年十九岁，已从业七年，不知迷住过多少公子王孙，一个个为她破家荡产而不惜。她与李甲情投意合，在她机智周旋之下，诳得鸨母许下区区三百两赎身银。见李甲果真筹够了银两，鸨母"嘿然变色"。一株"摇钱树"就这样"贱卖"了，由不得她不满心懊悔。而李甲将十娘转卖后，见她取出宝箱，所值不下万金，也是后悔痛哭。两张嘴脸同样丑恶。

徽号
原来是旌旗

　　"徽号"这个极其古老的称谓今天还在使用，用来形容美好的称号，比如送给某某某诗人的"徽号"等。另外，给皇帝和后妃加的尊号也称"徽号"。唐人封演所著《封氏闻见记》"尊号"一条记载："秦汉已来，天子但称皇帝，无别徽号。则天垂拱四年，得瑞石于洛水，文曰：'圣母临人，永昌帝业。'号其石为宝图。于是群臣上尊号，请称'圣母神皇后'，稍加'慈越古天册金轮圣神'等号。"可见帝王和后妃有"徽号"，乃自武则天始。

　　其实，"徽号"当作尊号或者美好的称号讲，不过是引申义，它的本义很有趣，就是旌旗。《礼记·大传》载："立权度量，考文章，改正朔，易服色，殊徽号，异器械，别衣服，此其所得与民变革者也。"这是指新王朝开始时各项制度的变更。郑玄注解说："徽号，旌旗之名也。"孔颖达则进一步解释说："'殊徽号'者，殊，别也。徽号，旌旗也。周大赤，殷大白，夏大麾，各有别也。"

　　周代尚赤，所谓"大赤"即赤色旗；殷代尚白，所谓"大白"即白色旗；夏代尚黑，所谓"大麾"即黑色旗，军队中称部下为"麾下"即由此而来。

　　那么"徽号"为什么可以指旌旗呢？这与古时的旌旗制度密切

相关。张舜徽先生在《说文解字约注》一书中说："'徽'以旗幅为本义，盖'徽'之言挥也，谓旌旗扬动也。"其实"徽"或"徽号"是古代军旗上的不同标识，代表不同的等级和用途。这种旌旗制度称作"九旗"，顾名思义，就是九种旗帜。

据《周礼》记载，周代有司常一职："司常掌九旗之物名，各有属，以待国事。日月为常，交龙为旂，通帛为旃，杂帛为物，熊虎为旗，鸟隼为旟，龟蛇为旐，全羽为旞，析羽为旌。"

古人对事物的分类之细，从"九旗"制度上也可见一斑。"各有属"的"属"，即指旌旗上的不同徽号。

君王的旌旗上画有日月，称作"常"或"太常"；诸侯的旌旗上画有相交的两条龙，并有铃铛用来聚集众人，称作"旂（qí）"；"通帛"指用纯色丝帛制成的旌旗，称作"旃（zhān）"，旗柄上曲，为孤卿所用，孤卿是辅佐三公（太师、太傅、太保）的官员，即少师、少傅、少保；"杂帛"指用杂色丝帛作装饰的旌旗，称作"物"，为大夫所用；绘有熊和虎图案的称作"旗"，这是军将之旗，取其猛如熊虎之意；绘有鹰类的猛禽图案的称作"旟（yú）"，为军吏所用，取其迅疾如同飞鸟之意；绘有龟和蛇的图案的称作"旐（zhào）"，龟蛇可以避害，为行政区划基层单位的县和鄙所用；"全羽"指完整的五彩鸟羽，系在旌旗上面，称作"旞（suì）"，插在最前面的引导车上；"析羽"指穗状的五彩鸟羽，系在旌旗上面，称作"旌"，插在巡游的战车上。

这就是"九旗"制度及其各种徽号。"徽号"由旌旗上的各种标识引申为尊号和美好的称号。

《上林羽猎图》卷取材自西汉司马相如的鸿篇巨制《上林赋》，描绘了天子率众臣在上林苑校猎的壮阔场面。此卷与台北故宫博物院所藏另两幅传为明代仇英所绘的《上林图》构图、设色、用笔近似，可能出自同一稿本，疑为明清人所摹。绘者依赋文内容徐徐铺陈，描绘层峦叠嶂、人物鸟兽、楼阁台观、旗辇军容等，工笔重彩，细腻华丽，还原汉赋原作铺张扬厉之美。

此段画面描绘天子在车驾仪仗簇拥下出场，千乘万骑，旌旗如林。原文曰："于是乎背秋涉冬，天子校猎。乘镂象，六玉虬，拖蜺旌，靡云旗，前皮轩，后道游。孙叔奉辔，卫公参乘，扈从横行，出乎四校之中。"天子乘象牙镶镂之玉辂，摇动色彩缤纷的霓旌，挥舞熊虎图案的云旗，公卿引导，将军护卫，前呼后拥，"车骑雷起，殷天动地"。仪仗中包括日月旗、龙凤旗、瑞禽灵兽旗、星宿旗、各色军阵旗，以及幡幢羽扇等一整套天子"卤簿"，展现天威浩大，皇家气象。

蓝本
为何代指底本

作家的著作所根据的底本，或者画家绘画时所根据的底本称作"蓝本"。比如韩愈著名的《论佛骨表》，批评唐宪宗迎佛骨，这篇上书就是以唐初学者傅奕向唐高祖李渊所上的《请废佛法表》为蓝本的。

"蓝本"这个称谓很奇怪，为什么偏偏选蓝色的本子作为底本，而不是别的颜色的本子作为底本呢？

原来，"蓝本"的称谓始于明代。近代著名藏书家叶德辉所著《书林清话》有"颜色套印书始于明季盛于清道咸以后"一条，介绍明代的颜色套印书："其一色蓝印者……此疑初印样本，取便校正，非以蓝印为通行本也。"

叶德辉的猜测是正确的。明代雕版印刷，先印出若干蓝色本子，即"初印样本"，目的是用蓝印本作为校正的底本，校订更正之后再印刷定稿本，定稿本当然是墨印。这就是"蓝本"以"蓝"命名的原因。

明代学者沈德符所著《万历野获编》有"录旧文"一条，记载科举考试时的作弊情形，其中说："科场帖括，蹈袭成风，即前辈名家垂世者，亦间有蓝本。""帖括"一词，明清时指应试的八股文，参加科举考试的考生事先做好文章，然后夹带进考场，照着这个"蓝本"答题。可见"蓝本"的称谓此时已经指事先打好的底稿或底本。

　　类似的用法还有"蓝图"。"蓝图"指详细的计划或行动的规划。既然是计划或规划，当然还没有实现或完成，因此引申指希望和远景，美好的未来。"蓝图"之"蓝"，正同于"蓝本"之"蓝"，都是用以凭据的底本之意。

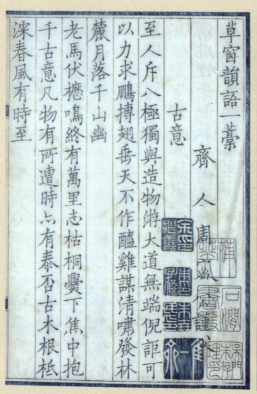

《草窗韵语》书影，宋代周密撰，民国十二年（1923）乌程蒋氏密韵楼景（影）宋刊蓝印本。

《草窗韵语》（六卷）是宋代大词人周密的诗集，由他亲自写刻上板雕成，可惜之后湮没于战火，直至近代才有海内孤本重现于世，民国时期被蒋汝藻购得。蒋氏得书后大喜，特将其藏书室更名为"密韵楼"，又于民国十二年委托董康，以周密原本为底本，精心影刻此书，供同好赏玩。

在雕版印刷中，书版刻成之初，先用朱墨或蓝墨刷印若干样本，称为红印本或蓝印本，原本作为校勘底本，用于补正校改。然而由于印刷精美，数量少，流布稀，遂渐成藏书界追逐的宠儿。到了民国时期，很多著者或刊刻者会有意印制一些特别的红印本或蓝印本，馈赠亲友，以赏玩收藏。这些印本已失去了作为校勘底本的初衷，往往版式疏朗，纸佳墨莹，装帧精美，因而备受追捧。蒋氏密韵楼《草窗韵语》便是这样一种"蓝本"。

烽火
原来是两种信号

　　杜甫有诗："烽火连三月，家书抵万金。""烽火"代指战乱。古代边防举火报警的高台叫"烽火台"。"烽火"的称谓如此常见，但很多人不知道"烽火"最早并非一种报警的信号，而是两种，即"烽"和"燧"。

　　《墨子·号令》中说："出候无过十里，居高便所树表，表三人守之，比至城者三表，与城上烽燧相望，昼则举烽，夜则举火。"这段话中的"候"指斥候，是瞭望敌情的高台；"表"指竖立的标识；"昼则举烽，夜则举火"，可见白天的报警信号称"烽"，夜间的报警信号称"燧"。

　　《史记·司马相如列传》中有"烽举燧燔"的说法。所谓"烽举"，是指类似汲水的桔槔（jié gāo）的用具，低处堆满薪柴，有敌人到，则点燃后升高，因此烽火台又称"桔槔烽"。所谓"燧燔"，燔（fán），即焚烧，焚烧薪柴必出烟，因此严格意义上来说"燧燔"的说法是错误的，因为"昼则举烽，夜则举火"，白天的时候升起的应该是烟，夜间的时候则举火。从"燧"的字义也可看出"燧燔"之误。"燧"是取火器，分两种：金燧是取火于太阳的铜镜；木燧是取火之木，所谓"钻燧取火"是也。因此"燧"出火，"烽"出烟，白天用烟示警，夜晚举火示警。

　　"烽"又有一个众所周知的名字，叫"狼烟"。唐人段成式《酉阳杂俎》载："狼粪烟直上，烽火用之。"北宋陆佃《埤雅》载："古之烽火用狼粪，取其烟直而聚，虽风吹之不斜。"陆佃又说："狼肠直，其粪烟直，为是故也。""狼烟"的说法甚为荒诞，属于以讹传讹的附会之言。之所以称"狼烟"，乃出于对屡屡侵边的匈奴等少数民族的蔑称，学者多有论证，此不赘言。

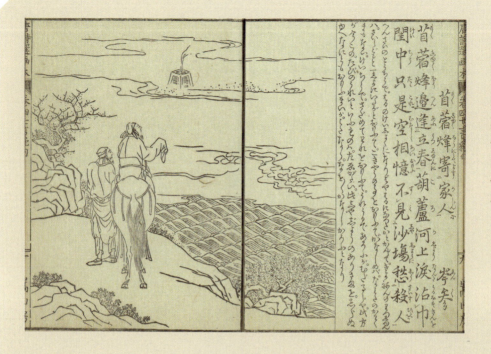

《唐诗选画本》二编卷四『首蓿烽寄家人』，铃木芙蓉绘，小林新兵卫宽政二年（1790）版。

　　铃木芙蓉（1749—1816），名雍，字文熙，俗称新兵卫，号芙蓉、老莲，江户时代中后期文人画家，影响了江户南画风格的确立。其作品题材广泛，融合中国南宗、北宗和日本画派风格，擅长中国式山水、人物、花鸟及孔子像。

　　此页描绘的是唐代边塞诗人岑参《题首蓿烽寄家人》诗意：“首蓿烽边逢立春，胡芦河上泪沾巾。闺中只是空相忆，不见沙场愁杀人。”此诗约作于天宝八年（749），诗人任职安西都护府时，行役至首蓿烽，适逢立春，顿起思亲之情。

　　首蓿烽是玉门关外的一处烽燧。据考证，唐代玉门关设在瓜州晋昌县苦峪城（又名锁阳城）。葫芦河是苦峪城东北的一条泉水河，于双塔堡汇入疏勒河。环卫唐玉门关的烽燧已找到十一处遗址，关西第一烽即为首蓿烽。画面上诗人遥望河对岸的一座烽火台，台上正在“举烽”，似有敌情。此时是白天，升起的应是烽烟，而非燧火。

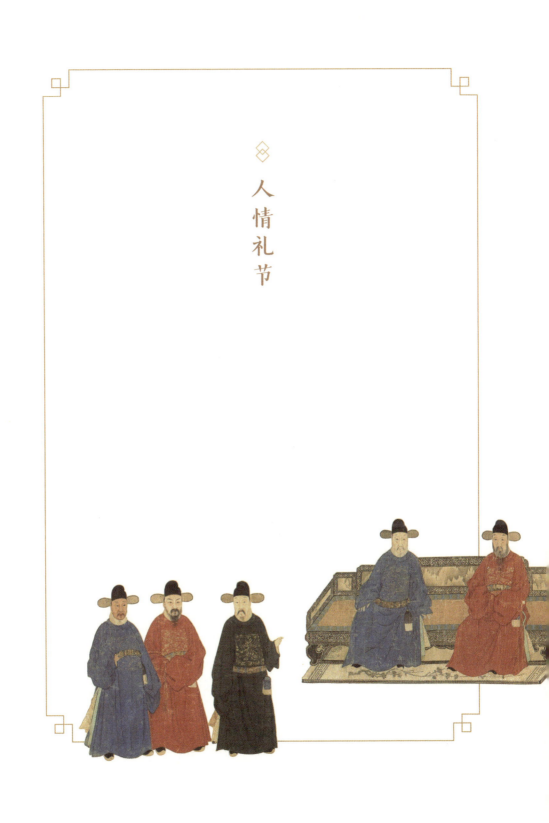

人情礼节

方丈
原来是一座仙山

人们都知道一寺之长称作"方丈"，也叫住持。至于为什么称作"方丈"，相信很多人都不清楚。

早在春秋战国时期就出现了"方丈"一词，不过那时的"方丈"是一座仙山，据《史记·封禅书》记载，渤海中有蓬莱、方丈、瀛洲三座神山，山上禽兽的颜色全是白色，宫阙都是黄金建成，里面住着仙人，还有许许多多不死之药。历朝历代的国君都曾经派人寻找过这三座神山，最有名的是秦始皇派遣的徐福，可是没有任何一个人找到过它们。

道教引入了三座神山的传说，并且最早将自己的最高领导人称作"方丈"。至于为什么叫"方丈"，大致有两种说法，一种说法是人心方寸，天心方丈，故称"方丈"。另外一种说法是"方"者，道也；"丈"者，长也，是对长辈的尊称，"方丈"意即道长。佛教传入中国后，借用了道教的这一称谓，可是今天的人们只知道佛教"方丈"，而不知道道教的"方丈"了。

佛教中"方丈"一词的来源也有不同的说法。南朝时期编著的《昭明文选》中收有王简栖《头陀寺碑》一文，其中写道："宋大明五年，始立方丈茅茨，以庇经像。"大明是南朝刘宋孝武帝的年号，大明五年即公元 461 年。原来，最早的"方丈"是用来遮蔽佛像，免得风吹雨淋的建筑。古人把"堵"作为墙壁的面积单位，长一丈、高一丈为"一堵"，四面墙皆为一堵则称之为"方丈"。由此可知，"方丈"的形制为四面环绕的土墙，每面墙长和高都是一丈，故称"方丈"。"方丈"上面还要盖上"茅茨"，即茅草顶，可见"方丈"最初的形制是多么简陋。

还有一种说法，出自唐代高僧释道宣所著《释迦方志》："（吠舍厘国）宫城西北六里寺塔，是说净名处……寺东北四里许塔，是净名故宅基，尚多灵神，其舍叠砖，传云积石，即说法现疾处也。近使者王玄策以笏量之，止有一丈，故方丈之名因而生焉。""净名"即著名的维摩诘居士，唐使者王玄策好奇地丈量了一下他的故宅，长、宽、高都是一丈，因此命名为"方丈"。后来就把佛寺住持的居处称作"方丈"，再往后，住持也被称作"方丈"了。

需要辨析的是，一些武侠小说中常常出现"方丈大师"的称谓，这种称谓是错误的，因为"方丈"一词的原始含义为"道长"，则"方丈"一词本来就含有大师之意，"方丈大师"的称谓属于语义重复，是不了解"方丈"一词的含义而产生的误称。

冷谦，明初道士，生卒年不详，字启敬（一作起敬），号龙阳子，武陵（今湖南常德）人，寓嘉兴（今浙江嘉兴）。一说钱塘（今浙江杭州）人。洪武初以善音律仕为太常协律郎。中国绘画史籍往往记其为元、明大画家，且加以仙化。相传他元末已满百岁，绿鬓童颜，如方壮时。所作《蓬莱仙弈图》，尤为神物，图后有张三丰题识。除音律、丹青外，他于养生术颇有研究，著有《修龄要旨》。

这是一幅立轴小青绿山水，绘蓬莱、瀛洲、方丈三座传说中的海上仙山。沧海洪波，三山飘渺。题曰："茫茫一瀛海，渺渺三神山。浴日鱼龙见，浮天星斗斑。洪涛晻霭外，苍翠虚无间。何日金银阙，乘风采药还。"

明清时期关于冷谦的神异传说甚多。传永乐年间他遭遇"画鹤之诬"，隐身入瓶，不知所终。也许是化为仙鹤一只，飞回海上三山了吧。

一派海湖、三神山沿

魚龍見浮 天星斗虹洪

暗霧外聳翠雲窎間

日在銀闕東風林窠

瀲陽

《壽山福海圖》，（傳）明代
冷謙繪，絹本設色，旅順博物
館藏。

兄台
为何是对朋友的敬称

朋辈之间相互敬称"兄台",这个称谓至今还在使用,更多的是用在书面语或书信之中。很多人并不清楚这个称谓到底是怎么来的,甚至还有人解释为兄在台上我在台下,因此用来表示敬意。这种解释非常可笑,原因在于不懂得"台"字的特殊含义。

《后汉书·杨震列传》开篇就讲了一则杨震出仕前的故事:"后有冠雀衔三鳣鱼,飞集讲堂前,都讲取鱼进曰:'蛇鳣者,卿大夫服之象也。数三者,法三台也。先生自此升矣。'年五十,乃始仕州郡。"

冠雀,即鹳雀;鳣,通"鳝",鳝鱼;都讲,古代学舍中协助博士讲经的儒生。李贤注解说:"鳝鱼长者不过三尺,黄地黑文,故都讲云'蛇鳣',卿大夫之服象也。"汉代卿大夫的官服乃"黄地黑文",黄色的底色,黑色的花纹,和鳝鱼的模样相同,故以此作比喻。

杨震是著名学者,矢志问学而不愿做官。这一天他讲学时,有鹳雀衔着三条鳝鱼飞到讲堂前,协助杨震讲学的都讲上前说:"蛇和鳝鱼都是卿大夫官服上的形象,三条鳝鱼象征着三台之位,先生要发达了。"果然,杨震后来官至太尉。

什么叫"三台"？《晋书·天文志上》载："三台六星，两两而居，起文昌，列抵太微。一曰天柱，三公之位也。在人曰三公，在天曰三台，主开德宣符也。"原来，"三台"是星名，地上的"三公"就是比照着天上的三台星而设置的。周代以太师、太傅、太保为三公，东汉以太尉、司徒、司空为三公，是仅次于皇帝的最高官员。周代宫廷外种有三棵槐树，三公朝见天子时，面向槐树而立，因此也称三公为"三槐"。"三台""三槐"合称"台槐"，代指宰辅之位。

　　"台"这个字因此成为敬称，用于称呼对方或对方的行为。比如"台鉴"是请对方审查、裁夺的敬辞，"台安"表示对收信人的问候，"台讳"是询问对方名字的敬辞，"台甫"则是询问对方表字的敬辞，等等。朋辈之间互称"兄台"也是敬称，是对对方的恭维，恭维对方很快就要做大官的意思。这就是"兄台"这一称谓的由来，跟台上、台下毫无关系。

日长何所事茗碗
自赍持料得南
窗下清风满鬓
绿　吴趋唐寅

　　唐寅（1470—1524），字伯虎，小字子畏，号六如居士，南直隶苏州府吴县（今江苏苏州）人。明代著名书法家、画家、诗人，"吴门四家"之一。作画师承周臣而青出于蓝，广学宋、元名家，能将南宋院体之精谨秀丽与元人笔墨之清隽淡雅融为一体，行笔秀润缜密而有韵度，至若人物、仕女、楼观、花鸟，无不臻妙。

　　本幅中有作者自题："日长何所事，茗碗自赍持。料得南窗下，清风满鬓丝。"画中一所清雅庭院，屋舍潇洒，门对清溪，主人凭案独坐，案上有茶壶茗碗，似有所待。舍旁小桥上，友人扶杖行来，童仆抱琴随后。此卷题为"事茗图"，不仅指画中品茗待友之意，还嵌入了一位朋友的名字，此人即陈事茗，苏州人，与唐寅交往甚密。唐寅作此图描绘他优游林下的闲适生活，并巧妙地将友人的名号嵌入题中，也算朋友交游中的一桩韵事。既然画中主人即陈事茗，那扶杖而来的客人便是唐寅自己吧。两个好友会面时不知可会互称"兄台"，戏谑一番呢？

《事茗图》卷，明代唐寅绘，纸本设色，北京故宫博物院藏。

处女
本来指未出嫁的女子

今天的人们大都把"处女"的"处"读作 chù，四声，这是错误的，正确的读音应该是 chǔ，三声。今天的"处女"一词用来指没有性交经历的女子，但在古代不一样，仅仅是指尚未出嫁的女子。

先秦时"处女"一词就已经出现了，也写作"处子"。《管子·轻重己》："十日之内，室无处女，路无行人。""处女操工事者几何人？"《荀子·非相》："处女莫不愿得以为士。"《荀子·富国》："譬之是犹使处女婴宝珠，佩宝玉，负戴黄金，而遇中山之盗也。"《庄子·逍遥游》："藐姑射之山，有神人居焉，肌肤若冰雪，绰约若处子。"唐代学者陆德明注解说："处子，在室女也。"即待在闺阁之中尚未出嫁的女子，因此又称"室女"。

为什么"处女"是"在室女也"？这就是因为"处"的古字是"処"的缘故。《说文解字》："処，止也。得几而止。""几"是古人席地而坐时有靠背的坐具，室内有几，用来休息，因此从"処"的本义中止、停止引申而来。从字面意义上来说，"处女"就是居止在室内的女子，待字闺中，尚未出嫁。未经开发的"处女地"也是由此引申而来。

有趣的是，"处子"一词也用来指称那些德才兼备却不愿出仕做官的"士"，也叫"处士"。《荀子·非十二子》："古之所谓处士者，德盛者也，能静者也，修正者也，知命者也，箸是者也。"德才兼备而不出仕，自然是厌恶官场和世俗的污浊，此举是德行很高的人才能做出的选择，那些流俗之辈，削尖了脑袋尚且还要往官场里钻，哪里配称高洁的"处士"呢！因此，"处士"比附于"处女"，也称"处子"。

从"处"的本义又引申出处所的意思，指人或物所在的地方。当作这个义项的时候才读四声 chù，比如"儿童相见不相识，笑问客从何处来"。

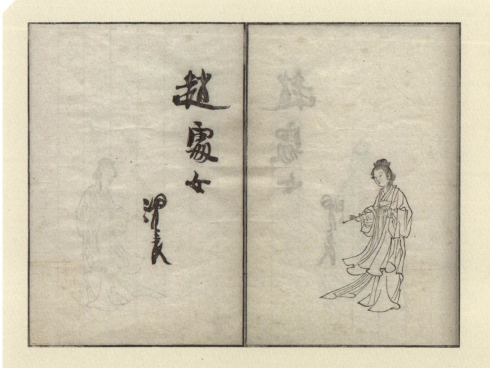

《剑侠传》卷一『赵处女』，清代任熊绘，咸丰八年（1858）王氏养龢堂刻本。

　　任熊（1823—1857），字渭长，一字湘浦，号不舍，浙江萧山人。清代晚期著名画家，"海派"艺术的代表人物之一。画法宗陈洪绶，山水、花鸟、人物等无一不精，尤工肖像。《剑侠传》初名《三十三剑客图》，后将佚名所著传奇文《剑侠传》附刊在后为定卷，遂改名。该书共四卷，绘刻了三十三位史上传奇男女剑客人像图。

　　"赵处女"是《三十三剑客图》中的第一图。赵处女又称越女，春秋时期女剑术家。据《吴越春秋》记载："越有处女，出于南林，国人称善……越王乃使使聘之，问以剑戟之术。"越女"生深林之中，长于无人之野"，剑法天成，"当世莫胜越女之剑"。她授剑法以教军士，助越王勾践灭吴，然后复归山林，不知所终。金庸曾据此典故写成短篇武侠小说《越女剑》。无论其人其事，皆如绝响。

同僚
为何指同事

　　"同僚"这一称谓，现在泛指同事，但是过去只能用于做官的人，同朝或同官署做官的人才能称作"同僚"。那么，为什么称"同僚"？"僚"又是什么东西呢？

　　"同僚"的称谓出自《诗经·大雅·板》，最初写作"同寮"："我虽异事，及尔同寮。我即尔谋，听我嚣嚣。""嚣嚣（áo）"形容傲慢而不听劝说的样子。这几句诗的意思是说，我虽然和你各司其职，但也和你同僚共事。我去找你一起商议，你听了我的话，反而嚣嚣然不可接受。

　　"寮"的本义是小窗，和"窗"的区别是，外面的叫"窗"，里面的叫"寮"。《左传·文公七年》载："同官为寮，吾尝同寮，敢不尽心乎？""寮"和"僚"是通假字，"同官为寮"，和"同窗"的意思一样。明代学者杨慎所著《丹铅总录》中说："古人谓同官为寮，指其斋署同窗为义。今士子同业曰同窗。官先事，士先志，官之同寮，亦士之同窗也。"其义甚明。"官僚"一词也是由此而来，同样，最初也写作"官寮"。

　　有趣的是，僧人所住的小屋也称作"寮"，而且跟"同寮"大有关系。北宋释道诚所辑《释氏要览》中说："言寮者，《唐韵》云：'同官曰寮。'今禅居意取多人同居，共司一务，故称寮也。"这种"寮"叫"僧寮"。

这是一幅群体肖像画，描绘明中期弘治末年，五位苏州籍高官在北京的雅集活动。画中人物自右向左依次为礼部尚书吴宽、礼部侍郎李杰、南京都察院左金都御史陈璚、吏部侍郎王鏊及太仆寺卿吴洪。根据画中人之一吴宽所写的《五同会序》，"五同"者，乃"同时也，同乡也，同朝也，而又同志也，同道也，因名之曰五同会，亦曰同会者五人耳"。与普通同僚不同，画中五人既是同乡，又志同道合，又同是高官，公暇经常雅集，自觉难得，于是请人作画留念。

画中人分为两组，皆着官服，神情儒雅，刻画细腻，和而不同。庭园为背景，点缀松鹤芭蕉，山石花木，琴棋书册，以衬托雅人深致。整个画面体现出绘者高超的写实技巧。据吴宽序中记载，"禹畴（吴洪）以越人丁君彩妙绘事，俾写为图，饰为长卷"，可知这位画家姓丁，来自浙江，大概是当时活动于京城的一位民间画师。

《五同会图》卷（局部），明代某丁姓画师绘，绢本设色，北京故宫博物院藏。

会计
原来是一年计算一次

今天的财务人员统称"会计"，其实这个称谓非常古老，可以一直追溯到周代。

周代时，大宰和小宰这两种官职的官员，要会集有关的工作人员，对收支情况进行统计，每月终统计一次叫"要"，每年终统计一次叫"会"，即《周礼》所言："岁终则会计其政。"郑玄注解说："司会主天下之大计。"司会这个官职主持国家年终的核算，称"大计"；会集财务人员进行大计，故称"会计"。

还有一种说法来自清代学者焦循，他在《孟子正义》中解释说："零星算之为计，总合算之为会。"因此段玉裁说："凡曰会计者，谓合计之也，皆非异义也。"不过为了区别"会合"之"会"的读音 huì，古人为"会计"之"会"添加了另外的读音 kuài。

《孟子·万章下》载："孔子尝为委吏矣，曰：'会计当而已矣。'"委吏是管理粮仓的小官，孔子曾担任过这个官职，他的会计理论是："账目计算得当就行啦！"这里的"会计"乃是动词。

浙江绍兴古称会稽，就是由"会计"一词而来。据《史记·夏本纪》载："或言禹会诸侯江南，计功而崩，因葬焉，命曰会稽。会稽者，会计也。"《越绝书》中也有相似的记载："禹始也，忧民救水，到大越，上茅山，大会计，爵有德，封有功，更名茅山曰会稽。"
大会计，即大会诸侯计功，意同于"岁终则会计其政"；"计"和"稽"
同义，都有考核、计算之意，可以通假，因此而有"会稽"的称谓。

《大禹战龙》，鱼屋北溪绘，锦绘木版画，约1826—1829年。

鱼屋北溪（1780—1850）是日本江户时代后期的浮世绘师。原姓岩窪，名初五郎，后改名金右卫门。他是葛饰北斋第一个收留的门生，因生于经营鱼店的家庭，从北斋门下出师后便以鱼屋北溪作为个人名号。从1800年起，在长达五十年的绘画生涯中，鱼屋北溪主要替狂歌集绘制插图，只留下了少量锦绘作品。

大禹治水的故事不仅在中国家喻户晓，而且很早（大约公元5世纪）就流传到了日本。据记载，日本1500年前曾效仿大禹治理水患，成就卓著。日本尊大禹为治国和道德楷模，民间祭祀大禹的风俗流传至今。自1989年启用的"平成"年号，就取自《尚书·大禹谟》中"地平天成"之句。大禹的形象也成为诗歌、版画的灵感来源。这幅张力和动感十足的版画描绘了大禹持剑与象征洪水的恶龙在汹涌波涛间大战的场面。龙爪般的浪花让人立刻想到葛饰北斋的名作《神奈川冲浪里》。风浪的险恶反衬出大禹的勇毅。太史公为大禹"计功"曰："禹之功大矣，渐九川，定九州，至于今诸夏艾安。"

赤子
本义是婴儿

　　形容一个心地纯洁、毫无杂念的人，常常说这个人有"赤子之心"；形容那些身在海外却始终心怀祖国的人也常常使用"海外赤子"一词。"赤子"到底是什么意思，为什么会具备这样的义项呢？

　　老子在《道德经》中写道："含德之厚，比于赤子。毒虫不螫，猛兽不据，攫鸟不搏。骨弱筋柔而握固。未知牝牡之合而朘作，精之至也。终日号而不嗄，和之至也。"

　　攫鸟，鹰隼之类用爪攫取食物的鸟类；牝牡，鸟兽雌性为"牝（pìn）"，雄性为"牡"；朘（zuī），男孩的生殖器；嗄（shà），声音嘶哑。

　　老子的意思是说，道德修养深厚的人，就像"赤子"一样，毒虫不螫他，猛兽不伤害他，鹰隼不搏击他。他虽然筋骨柔弱，但是两只小拳头却能握得紧紧的；他虽然不懂得男女交合之事，但是他的生殖器却勃然举起，这都是由于他精气充沛的缘故。整天号哭，嗓子却不会嘶哑，这都是因为他和气醇厚的缘故。

　　根据老子的形容，"赤子"毫无疑问是指婴儿。

　　《尚书·康诰》中说："若保赤子，惟民其康乂。""乂（yì）"是治理之意。这句话的意思是，就像保护婴儿一样，尽力把人民治理好，使他们都能得以安康。孔颖达注解说："子生赤色，故言赤子。"原来婴儿刚生下来的时候是赤色的，故称"赤子"。在为《礼记·大学》所作的正义中，孔颖达又说："赤子谓心所爱之子。"前一种解释尚可说通，后一种解释就更让人糊涂了。

《汉书·贾谊传》载，贾谊向汉文帝上疏，其中有"自为赤子而教固已行矣"的话，意思是太子还在婴儿的时候，就用礼加以教养。颜师古注解说："赤子，言其新生未有眉发，其色赤。"与孔颖达的第一种解释相同。

晚明学者来斯行所著笔记《槎庵小乘》中提供了另外一种新颖的解释。据清人李慈铭《越缦堂读书记》引来斯行的记载："愚按尺字古通用赤。尺牍古作赤牍。《文献通考》：'深赤者，十寸之赤也。'是知赤子者谓始生小儿仅长一尺也。古人多以尺数论长幼，如三尺之童、五尺之童，成人曰丈夫，是也。"梁绍壬在《两般秋雨庵随笔》一书中也引述了这一观点。

古时确有"赤"通"尺"的用法，而且三尺之童、五尺之童的说法也有很多，但却闻所未闻用"一尺"来比喻初生儿的用法。

张舜徽先生在《清人笔记条辨》一书中驳斥了来斯行的观点："古人言赤，犹今人言光。于文，赤从大火，大火则光见矣，故光与赤义通。今语称空无所有为光，古人则谓之赤。故手无所持曰赤手，足不着履曰赤足，身不着衣曰赤膊，家无所有曰赤贫，皆是意耳。婴儿初生，惟有肉体而已，故曰赤子，不必通赤为尺也。"此说最具说服力。

"赤子"后来引申为皇帝统治下的子民。《汉书·龚遂传》载渤海郡盗贼并起，汉宣帝向龚遂问计，龚遂说："海濒遐远，不沾圣化，其民困于饥寒而吏不恤，故使陛下赤子盗弄陛下之兵于潢池中耳。""潢池"即池塘，"赤子"即指皇帝的子民。

据《资治通鉴》记载，唐太宗贞观年间，为了抵御边境的骚扰，李世民每天都命数百人演习武艺，自己亲自坐镇观看。群臣担心他的安全，劝他回避这种场合，李世民说："王者视四海如一家，封域之内，皆朕赤子，朕一一推心置其腹中，奈何宿卫之士亦加猜忌乎！"李世民的意思是天下的百姓都是我的"赤子"（子民），我与他们推心置腹，干吗要猜忌他们呢？这里"赤子"的意思更加显豁，而且从这句话里诞生了一个后来的常用词"海内赤子"（"封域之内，皆朕赤子"），又慢慢演变成了"海外赤子"这个常用词。

《孟子·离娄下》篇中说："大人者，不失其赤子之心者也。"这是第一次出现"赤子之心"的说法。"赤子之心"即婴儿之心，婴儿之心当然纯洁无瑕，没有丝毫杂念。今天"赤子之心"的含义跟孟子所说完全相同。

《王振鹏养正图十则》之『习射殿廷』，明清佚名绘，绢本设色长卷，美国大都会艺术博物馆藏。

王振鹏，生卒年不详，字朋梅，浙江温州人。元代著名画家，擅长人物画和宫廷界画，被元仁宗赐号为"孤云处士"，官至漕运千户。《养正图》又称《圣功图》，是带有启蒙教育性质的宫廷画，内容皆为历代贤明君主的故事。这套《养正图》虽是王振鹏款，却是明清人所绘。

这幅画描绘的是唐太宗"习射殿廷"的故事。唐太宗曾召集将卒侍卫等，谕之曰："戎狄侵盗，自古有之。患在边境小安，则人主逸游忘战，是以寇来莫之能御。今朕不使汝曹穿池筑苑，专习弓矢。居闲无事，则为汝师；突厥入寇，则为汝将。庶几中国之民可以少安乎！"于是日引数百人教射于殿庭，上亲临试。数年之间，悉为精锐。

画面上，太宗于阶上捻须观战。阶下有人击鼓助阵。另有一群将卒等候在侧，跃跃欲试。虽然没有画习射场面，但画中人的目光皆凝注同一方向，露出兴奋又关切的神色，令观者想象场上演习的精彩紧张。太宗对将卒的亲近爱惜之情也通过肢体动作和神情刻画了出来。

良家妇女
居然有严格的限定

今天的日常俗语把清白人家的女子一律称作"良家妇女"，语气中充满了对那种卖身或者四处流落的女人的轻蔑。"良家"当然是好人家，不过在古代，这个好人家的概念却有着严格的界定和区分。

"良家"最早的意思是善于经营而致富的人家，比如《管子·问》："问乡之良家其所牧养者几何人矣。问邑之贫人，债而食者几何家？"唐人尹知章注解说："良家，谓善营生以致富者。牧养，谓其人不能自存，良家全活之。"问完"良家"，紧接着就问"贫人"，可见这里的"良家"指有一定经济基础，而且靠正当手段致富的人家。

到了西汉，"良家"这一称谓具有了严格的定义。当时，打仗的时候征派到边疆去服兵役的共有七类人，这就是"七科适"或称"七科谪"制度。"七科"可不是七门科目，而是七类人，"适"是去、往的意思，即指到遥远的边疆，"谪（zhé）"指惩罚罪犯，所以这一制度带有惩罚、发配的意味。

据《史记·大宛列传》载，汉武帝觊觎大宛国的宝马，"发天下七科适"给贰师将军李广利前去取马。唐代学者张守节正义引张晏的解释："吏有罪一，亡命二，赘婿三，贾人四，故有市籍五，父母有市籍六，大父母有籍七：凡七科。武帝天汉四年，发天下七科谪出朔方也。"

"七科"分别是：第一，犯罪的官员；第二，户籍被削除、流亡在外的人；第三，入赘的女婿；第四，商人；第五，过去经商现在改行的人，秦汉时期重农抑商，凡商人都编入专门的户籍，在籍的商人及其子孙都要服役，而且不得坐车，不得穿丝绸衣服，子孙不得做官；第六，父母被编入商人户籍的人；第七，祖父母被编入商人户籍的人。

"七科"中有两类人值得关注。一是赘婿，入赘在古代社会被视为耻辱，赘婿竟然被当作罪犯对待！二是商人，"七科"中有四科都是商人，可见古代社会对商人的歧视之深。

"七科"之外，"恶少年"也要服兵役。"恶少年"大体上是一些不事生产、滋事扰民的无赖子弟和地痞流氓，这些"恶少年"或犯过罪，或有犯罪的嫌疑但还没有判刑，一律都要发配边疆服兵役。

"七科"之外的人家还不能称作"良家"，还得把医、巫、"百工"排除在外，"百工"指各种工匠。这些人全部排除出去，剩下的人家即称"良家"。

"良家子"从军被视为特例，因此史书中要特意点出这种身份。比如《史记·李将军列传》载："孝文帝十四年，匈奴大入萧关，而广以良家子从军击胡。"生怕埋没了李广"良家子"的身份。

经过漫长的语义演变，后世把奴隶、娼妓、戏子等处于社会最底层的人称作贱民，平民称作良民，"良家妇女"从此成为平民之家女子的通称。

《教训·镜鉴 聪明人》，喜多川歌麿绘，锦绘木版画，1802—1803年。

从江户时代到明治时代，浮世绘创作中存在一种被称为"教训绘"的风格。顾名思义，这类作品往往包含训诫意味，设想女性一生中可能遇到的种种情境，对其行为举止或心境加以教导讽喻。喜多川歌麿绘制的这一套"教训·镜鉴"系列也属于这一类，是其"大首绘"成熟期的作品，包含10幅画作，模仿人生经验丰富的父母的眼光，看到爱女日常表现出的种种不妥之处，忍不住加以劝导说教。

这幅画描绘了一个装扮时尚的美丽女子躺靠在箱枕上，正在聚精会神阅读《绘本太阁记》（描写太阁丰臣秀吉生涯的人物传记）。

原画题中的"理口者"原应写为"利口者"，即聪明外露的人。画上的文字说女子应多多研习家务，而不是花时间看书学习。日本江户时代对"女子无才"的要求与中国明清时期类似。

有趣的是，虽然画上文字是不赞同的口吻，歌麿却将笔下女子以纤细优美的线条和单纯柔和的色彩描绘得光彩动人。画中女子手指划过书页的动作和专注的神情不禁让人好奇她读到了怎样扣人心弦的情节。此时就算父母在旁训导，大概她也是充耳不闻吧。

县官
竟然是皇帝的称谓

今天所说的"县官"当然是指一县的最高行政长官，但是在古代，"县官"最早却是天子的称号。

《史记·绛侯周勃世家》载：汉景帝时期，丞相周亚夫因为屡屡和汉景帝作对，最后只好称病免相。周亚夫年老体衰后，儿子开始为父亲准备后事，在皇家专卖店为父亲买了五百件殉葬用的盔甲盾牌。周亚夫是一员武将，死后用这些东西殉葬，本来无可厚非，可他儿子为了让父亲死得风光，千不该万不该买的竟然是天子所用的东西！这样一来逾越了朝廷礼制，偏偏他儿子贪小便宜，又拖欠搬运工的工钱。搬运工数次讨薪未果，一怒之下将他上告了朝廷，周亚夫被捕入狱。官吏审讯周亚夫，他闭口不言。汉景帝本来还想饶恕周亚夫，一看这老头儿如此顽固，动了肝火，说："俺再也不用你了！"将周亚夫作为刑事犯交给廷尉处理。廷尉责问说："你贵为君侯，难道还想谋反吗？"这项指责过于严重，周亚夫这回不敢再沉默，反问道："我买的全是殉葬用的器具，怎么能说是想谋反呢？"那廷尉来了一句"黑色幽默"："君侯您纵然不在地上造反，也必定会在地下造反！"听到这句政治结论，周亚夫瞠目结舌，哑口无言，五天没有吃饭，结果呕血饿死了。

关于周亚夫儿子买天子所用的器具这个情节,《史记》这样写道:"庸知其盗买县官器,怒而上变告子,事连污条侯。"

"庸"是雇工,"条侯"即周亚夫。司马贞索隐:"县官谓天子也。所以谓国家为县官者,夏王畿内县即国都也。王者官天下,故曰县官也。"按照夏代的规制,王城周围千里的地域称为"王畿"。"畿(jī)"的本义是国都四周的广大地区,《说文解字》:"畿,天子千里地。以远近言之,则曰畿也。"即国都所领辖的方千里地面,后泛指京城所管辖的地区。四海之内分为九州,其一为畿内,由天子亲自管辖,"王畿"和"畿内"又称作"县"或者"县内",国君居住在国都,又"官天下",故称"县官"。

章炳麟在《官制索隐》中辨析道:"有以疆域号其君者,如汉世称天子为县官,县即寰宇,所谓天子之县内也。"

天子的别称很多,除了"县官",特异的称呼还有"官家"。《资治通鉴·晋成帝咸康三年三月》载:后赵王石虎喜怒无常,太子石邃"私谓中庶子李颜等曰:'官家难称,吾欲行冒顿之事,卿从我乎?'"匈奴的冒顿单于杀父自立,石邃意欲效仿。

宋元间学者胡三省注解说:"称天子为官家,始见于此。西汉谓天子为县官,东汉谓天子为国家,故兼而称之。或曰:五帝官天下,三王家天下,故兼称之。"

《宋人书画孝经册》（又名《宋高宗书孝经马和之绘图册》）『天子章第二』，（传）南宋马和之绘，赵构书，绢本设色，台北故宫博物院藏。

宋代帝王尊经，往往亲自书写儒家经典，由宫廷画师加以图绘，宣扬圣教。据推测，此图册原为图文相连的长卷，后因破损改装为一图一文、书画分开的册页形式。每一开左侧为传宋高宗赵构书写的《孝经》每一章内容，右侧为配图，诠释不同场景下各阶层人士如何尽孝忠君。虽称"马和之绘"，但配图画风与马和之完全不同，应为宋人托名之作。书法风格也与宋高宗赵构不尽相合，可能是御书院人代笔。

《孝经》全文共十八章，按尊卑次序分述自天子至庶人实践孝道的法则。此幅为图册第二开，绘"天子章"内容："爱亲者，不敢恶于人；敬亲者，不敢慢于人。爱敬尽于事亲，而德教加于百姓，刑于四海，盖天子之孝也。《甫刑》云：'一人有庆，兆民赖之。'"此章讲的是天子的孝道，认为天子能以爱敬之心尽力侍奉父母，就能以至高无上的道德教化人民，成为天下人效法的典范。图绘一位当朝天子正向自己的长辈跪拜问安。向来"官家"之尊，以天下奉一人，此章所述，不过是来自臣民的一厢情愿罢了。

状元
原来不一定是第一名

　　说"状元"，就要先说科举制。魏晋时期的官员都是从高官显贵的子弟中选拔而来的，这些子弟不管好坏都可以做官，相反，那些富有才华却出身卑微的人根本就不可能做官。这种官员选拔制度可想而知有多大的弊端。为了革除这种弊端，隋文帝开始用分科考试的办法来选拔人才，隋炀帝时期设置了明经、进士两科，按照考试成绩选拔人才，中国历经一千三百多年的科举制正式诞生。因为是分科取士，故称"科举"。

　　唐代的科举考试分为常科和制科两类，每年分期举行的叫常科，临时由皇帝下诏举行的叫制科。常科的主要科目是明经和进士两科，明经考的是经义，进士考的是诗赋。常科的第一名称"状头"或"状元"，这是因为各州贡举到京城的举子都要先向礼部呈递本人的出身履历，叫"投状"，考试结束后，礼部要把考生的投状和成绩单呈递给皇帝，叫"奏状"，进士第一名当然排在第一，故称"状头"，后来也称"状元"，"元"的意思是头，头是人体的最高部位，所谓"元首"，因此借来指第一名。

　　状元及第后，同榜的人要凑钱举行庆贺活动，同榜年龄最小的两位进士遍游名园，探采名花，称"探花使"或"探花郎"，如果别人先折到了名花，"探花使"就要受罚。然后在杏园大摆酒宴，称"探花宴"。宴会结束后，众人同到大雁塔下题名，以显示荣耀，因此中进士又别称"雁塔题名"。北宋时期，第二、第三名都称"榜眼"，意思是这两位分立状元左右，就像两只眼睛一样。到了北宋末年，"榜眼"专指第二名，第三名称"探花"，即承唐代的"探花使"而来。

武则天统治时期，她曾经亲临考试现场监考，这是殿试的开始，但还没有形成常规。宋太祖于开宝八年（975）亲临讲武殿监考，并且颁定名次，自此殿试成为常规，是科举考试的最高一级。在975年之前，只有两级科举考试，即各州举行的州试（又称解试）和由礼部举行的省试（又称会试）。从975年起，正式确立了州试、省试和殿试的三级科举考试制度。殿试后分三甲放榜，一甲只有三人，即状元、榜眼、探花，二甲、三甲人数就多了。

明代科举考试分为乡试、会试、殿试三级，乡试的第一名称解元，会试的第一名称会元，殿试的第一名称状元，如果三级考试都获得了第一名，就叫"连中三元"，是非常荣耀的事情。

不过据清代学者袁枚考证，状元也不一定就是第一名，他在《随园诗话》中提供的两个证据是：唐代诗人郑谷《及第后宿平康里》诗："好是五更残酒醒，时时闻唤状头声。"郑谷的成绩是第八名，并非第一名，可是人家也称他"状头"。南宋诗人周必大给新及第的进士写了两封信，分别叫《回姚状元颖启》和《回第二人叶状元适启》，叶适是第二名，可是周必大也称呼他"状元"。

禹之鼎（1647—1716），清代画家，字尚吉（一作上吉或尚基），号慎斋。原籍扬州府兴化县，后寄籍江都（今扬州）。幼师蓝瑛，后出入宋元诸家，遂成一家法。山水、花鸟、人物兼善，尤精肖像，入京供奉内廷后，誉满京师。这卷《会真全图》分段描绘了《会真记》（即《西厢记》）故事中的二十个场景，从"惊艳""借厢"到最后的"团圆"，设色妍艳，娟媚古雅。

此幅画的是《西厢记》最后一折"团圆"。张生一举及第，得了头名状元，与莺莺两人书信往来，约定了归期。不料中间又横插了郑恒争婚这个波澜，好在张生及时衣锦还乡，带来金冠霞帔，斥退郑恒，迎娶了莺莺。画面上张生一身状元锦衣，骑着白马荣归，楼上莺莺与红娘于窗内张望。张生是得意的："张珙如愚，酬志了三尺龙泉万卷书；莺莺有福，稳请了五花官诰七香车。"最后赐婚使臣的到来，将团圆欢庆的气氛推向顶峰。末尾张生唱道："则因月底联诗句，成就了怨女旷夫。显得有志的状元能，无情的郑恒苦。"倘若张生未能高中，他与莺莺的婚事也很难说呢。

员外
本来是一项官名

古代通俗小说中常常出现"员外"的称谓。一提起"员外"，人们的头脑中就浮现出一个大腹便便、笑面团团、衣着华丽的地主绅士形象，为什么会有这样的联想呢？

"员外"的称谓出自"员外郎"的官名。"员外"是指正员之外增置的副职官员，这种正额之外的官员通常担任郎官，故称"员外郎"。三国魏末设置了散骑常侍的官职，职责是在皇帝左右规谏过失，以备顾问。晋以后增加员额，称员外散骑常侍或员外散骑侍郎，简称"员外郎"。南北朝时期，又有殿中员外将军、员外司马督等，都在官名上加"员外"。隋代时，又为尚书省的二十四司各配备一名员外郎，担任各司的次官。唐代以后沿袭了这一制度，以员外郎担任六部各司的正副主官，省称为"员外"，不过此时已经属于正员的编制了。

唐代贞观时期之前，科举考试的主考官都由员外郎出任，称"考功员外郎"。后来唐玄宗觉得员外郎官职低微，威望不高，无法体现科举的严肃性，于是改由礼部侍郎主持，以后成为定制。

大约从元代开始，员外郎渐渐成为一个闲职，而且可以花钱捐买。除了朝廷官员，最有钱的莫过于地主和商人了，这批人有了钱当然还希望有个名头，花钱捐买员外郎的结果是员外郎多得几乎成灾，因此民间就把地主富商通称为"员外"。元代杂剧作家李行道所作《包待制智赚灰阑记》杂剧解释得非常明白："不是什么员外，俺们这里有几贯钱的人，都称他做员外，无过是个土财主，没品职的。"可见至迟从元代开始，"员外"已经是一个泛称了。

《新撰醋葫芦小说》第一回插图，明代西子湖伏雌教主编，明崇祯笔耕山房刊本。

　　《醋葫芦》为明代小说，中国古代十大禁书之一，卷首题"西子湖伏雌教主编，且笑广芙蓉癖者评"。无论作者还是评者，真实身份和生平均不可考。封面有题识五行，自云创作动机为惩妒妇之恶。故事叙宋朝临安贫士成珪娶妻都氏，性奇妒，成珪年近六十无后，偷偷娶妾生子，都氏醋劲大发，惊动天府地狱，受尽酷刑，最后才幡然悔悟。作者云："都氏者，言天下之妇人都如是也。""成珪者，成规也。"该书格调不高，不过语言生动。书前附版画二十幅，署名陆武清绘，项南洲、洪闻远刻。

　　小说第一回的回目是"限时刻焚香出去怕违条忍饿归来"，讲成珪惧内，出门要"点香限刻"，描述得很是有趣。成珪原为一介贫士，娶了有财有势的绸绢铺员外都直之女，夫妻两人家境悬殊，惧内也是难免。两人婚后也挣得许多家业，都员外去世后，成珪也开了缎铺，被人称为"成员外"，他的同行友人也被称为"员外"。到明代，"员外"一词已是地主富商的通称了。

孤注
竟然指宋真宗

　　"孤注一掷"是人们常用的成语，"注"是赌注，"掷"指赌徒掷骰子。"孤注一掷"的意思就是赌博的人把所有的钱一次投作赌注，企图最后获胜，比喻在情况危急时竭尽全力作最后一次冒险的行为。

　　"孤注"既然是最后一次下的赌注，可见有多么危险，简直是在悬崖边缘，"胜则得之，败则失之"，没有任何中间道路可走。历史上第一个、也是最大的一笔"孤注"是宋真宗本人。1004 年，北方的辽国率二十万大军南征，大举进攻北宋，辽军一路长驱直入，攻到了黄河岸边的澶州（旧称澶渊），迫近大宋王朝的都城东京汴梁。时任宰相的寇准献计让宋真宗御驾亲征，大举北伐。宋真宗本来是个胆小鬼，可是国家眼看面临严重威胁，只好仓促上阵。当宋真宗抵达澶州时，宋军将士大受鼓舞，"万岁"之声不绝于耳，辽军闻之胆寒。最终双方签订了"澶渊之盟"，规定大宋每年送岁币银十万两、绢二十万匹给辽朝，从此开创了长达一百多年的和平局面。

　　屈辱的"澶渊之盟"签订后，宋真宗对寇准的宠幸达到了顶点，另一位大臣王钦若非常嫉妒，屡屡在宋真宗面前进寇准的谗言。据司马光《涑水记闻》载："王钦若疾之，久之，数承间言于上曰：'澶渊之役，准以陛下为孤注，与虏博耳，苟非胜虏，则为虏所胜，非为陛下画万全计也。'"

王钦若还不满足于此，继续指责"澶渊之盟"乃耻辱的城下之盟，古人尚且以城下之盟为耻，寇准身为宰相，面对入侵的辽军束手无策，只好签下这一屈辱的和约才能保住大宋的安全，实在是不称职啊！

在王钦若的这番指责中，后面的理由不可能打动宋真宗，因为辽军入侵时，满朝文武只有寇准能够出出主意，虽然和约对大宋不利，但是毕竟结束了双方大规模的战争，仍然可说有功。打动宋真宗的毫无疑问是前面的理由，即寇准以宋真宗万乘之尊作为"孤注"，怂恿他御驾亲征，孤注一掷，如果赌败了，后果将不堪设想。这一番危言耸听不由得宋真宗不后怕，此后渐渐疏远了寇准，终至罢免了寇准的宰相职务。

这就是"孤注"一词最早的使用。清末，秋瑾被清政府杀害后，柳亚子作诗《吊鉴湖秋女士》："漫说天飞六月霜，珠沉玉碎不须伤。已拼侠骨成孤注，赢得英名震万方。碧血摧残酬祖国，怒潮呜咽怨钱塘。于祠岳庙中间路，留取荒坟葬女郎。"诗中则把"孤注"比喻为挽狂澜于既倒的英雄了。

《景德四图》之『契丹使朝聘』，北宋佚名绘，绢本设色，台北故宫博物院藏。

《景德四图》（或作《景德四事图》）分为四段，右图左文，依次为"契丹使朝聘""北寨宴射""舆驾观汴涨""太清观书"四图，所绘均为宋真宗事迹。研究者认为它属于宋仁宗时期宫廷画《三朝训鉴图》的一部分，或为其摹本。《三朝训鉴图》录宋太祖至真宗三朝事一百件，作为帝王训鉴之用。"景德"（1004—1007）是宋真宗的年号。

景德二年，宋辽缔结澶渊之盟，此后百余年间，两国不再有大规模战事，礼尚往来，通使殷勤。"契丹使朝聘"描绘的是景德二年辽使来宋都朝贺真宗生辰的场面。按照仪注，契丹使应在北宋臣僚朝会之后，再行觐见。画面中的大殿可能是内朝的正殿崇德殿，高层官员和内侍在殿中面向帘内的皇帝御座躬身侍立。另有大批臣僚在殿外庭中分班肃立，等待朝会。画面正中最显眼的位置，是两列共十个担床，上陈契丹使带来的礼物。而作为朝聘主角的三个契丹使却被画在了左下角的边缘位置，他们排在众多朝臣之后，拱手观望，很没有存在感。画家渲染了这一重大礼仪场合肃穆、凝重的秩序感，又凸显了契丹对大宋的臣服之意，尽显上国风范。

官衔
为什么指官位

我们都知道，"官衔"指官员的职位，可是虽然古代早就有了"官衔"一词，但是直到清代，人们仍然不明白此词的来源。

清代学者王士祯所著《池北偶谈》有"官衔"一条："官衔二字，习俗相沿，不识其义。《家语·礼运篇》云：'官有衔，职有序。'注：'衔，治也。'《执辔篇》云：'古之衔天下者，以六官总治焉，故曰衔四马者执六辔，衔天下者正六官。'官衔之义本此。《封氏闻见记》云：'铨曹闻奏之时，先书旧官品于前，次书拟官于后，使新旧相衔不断，如人口衔物，又如马之有衔，以制其首，古人谓衔尾相属，即其义也。'此臆说，殊无所据。"

王士祯驳斥了唐人封演在《封氏闻见记》中的说法：主管选拔官吏的长官在写奏章的时候，先写此人过去的官名，再写准备担任的官名，新官名和旧官名相衔不断，就像人口中含着东西没有掉下来一样，又像马的口中有马嚼子和马笼头（称"衔勒"）一样，因此称"官衔"。王士祯认为这种解释是错误的。

古代治理天下，用"六官"来总掌国政，"六官"在《周礼》中指天官冢宰、地官司徒、春官宗伯、夏官司马、秋官司寇、冬官司空，隋唐以后统称吏、户、礼、兵、刑、工六部尚书为"六官"。

所谓"衔四马者执六辔，衔天下者正六官"，古时战车以四马驾辕，每匹马两根马缰绳，两边的马称"骖（cān）马"，内辔系在车前的横木上，因此御者双手只执六根缰绳。如同驾驭四马一样，治理天下也要设置"六官"，因此合称"官衔"。

　　"衔"的本义即马嚼子，铜制或铁制，含进马口内，用来勒马，控制行止。因此"官衔"之"衔"乃是取马嚼子之意，马衔控制马，官衔控制人。《孔子家语·执辔》篇的解释是合理的。其实，此篇一直都在用驾马来比喻治理百姓，比如"德法者，御民之具，犹御马之有衔勒也"，又比如"古者天子以内史为左右手，以德法为衔勒，以百官为辔，以刑罚为策，以万民为马，故御天下数百年而不失"，讲得明明白白，封演的解释确实属于"殊无所据"的"臆说"。

《通俗西游记 孙悟空 独牛鬼王 齐天大圣》，月冈芳年绘，锦绘木版画，1864年。

月冈芳年（1839—1892），本名米次郎，画号一魁斋芳年、玉樱楼、咀华亭、子英，晚号大苏芳年。日本江户时代末期著名浮世绘画家，被称为最后的浮世绘师。

《西游记》于江户时代传入日本后，成为《三国演义》之外流传最广的中国经典，浮世绘师为之绘制了许多精美插图。月冈芳年笔下的《通俗西游记》绘制较晚，人物造型与环境渲染都明显脱离了中国绣像本的痕迹，画风厚重，设色强烈，有浓郁日本风情。

孙悟空第一次被天庭招安，官封"弼马温"，自以为是个大官，干得兢兢业业，谁知只是个"不入流"的微末小官，简直是平生未有的奇耻大辱，一怒之下，打出天门，回到花果山。他在独牛鬼王的建议下，竖起大旗，自封"齐天大圣"。第二次招安，天庭承认了"齐天大圣"这个官号，还为他在蟠桃园右首起一座齐天大圣府。他每日闲荡，见三清称个"老"字，逢四帝道个"陛下"，与那九曜星、五方将、二十八宿、四大天王、十二元辰、五方五老、普天星相、河汉群神俱只以弟兄相称，好不得意。但是以太白金星为首的老官僚却知道"齐天大圣"不过是个幌子，所谓"有官无禄""有名无实"是也。且看王母娘娘办蟠桃大会，请遍各路神仙，就是不请他呢。

和缓
原来是秦国的两位良医

　　你一定会觉得惊奇：当作平和舒缓讲的"和缓"一词，竟然是春秋时期秦国两位良医的合称！这两位良医，一位叫医和，一位叫医缓。"医"是职业，"和""缓"分别是其名。

　　医缓的故事记载在《左传·成公十年》中："公疾病，求医于秦，秦伯使医缓为之。未至，公梦疾为二竖子，曰：'彼，良医也，惧伤我，焉逃之？'其一曰：'居肓之上，膏之下，若我何？'医至，曰：'疾不可为也。在肓之上，膏之下，攻之不可，达之不及，药不至焉，不可为也。'公曰：'良医也。'厚为之礼而归之。"

　　医缓尚未到达晋国的时候，晋景公梦见疾病化身为两小儿，一个说："医缓是良医，怕他伤害咱们，还是赶紧逃跑吧？"另一个说："咱们藏在肓之上，膏之下，他能把我们怎么样？"肓（huāng），心脏与横膈膜之间的部位；膏，心尖脂肪。古代医学认为肓上膏下是药力和针灸达不到的部位。医缓到了晋国，诊断之后，果然如同两小儿所言，晋景公的病已经不可治了，"病入膏肓"这一成语就是由这个故事而来。

　　医和的故事记载在《左传·昭公元年》中："晋侯求医于秦，秦伯使医和视之，曰：'疾不可为也。是谓近女室，疾如蛊。非鬼非食，感以丧志。良臣将死，天命不佑。'"

看来晋国的国君都常生病，一生病还都要向邻近的秦国求医。这次生病的是晋平公，医和诊断之后，说他的病不是由于鬼神作祟，也不是饮食不调，而是迷惑于女色，以致丧失心志。医和接着阐述了一番应该节制女色的道理，卿大夫赵孟听后，叹之为"良医也"，同样"厚其礼归之"。

医和、医缓这两位秦国名医并称"和缓"。西晋文学家挚虞在《疾愈赋》中吟咏道："讲和缓之余论，寻越人之遗方。"谢灵运在《山居赋》中吟咏道："雷桐是别，和缓是悉。"雷桐是制药人雷公和桐君的并称，刚好对应于医和、医缓两位良医。

虽然医缓和医和没有能够治愈晋景公和晋平公的绝症，但既为良医，那么一定曾经治愈了许多病人，因此"和缓"并称，取其可以使病人平和舒缓之意，引申而用于别的方面。这就是"和缓"一词的由来。

《炙艾图》，（传）南宋李唐绘，绢本设色，台北故宫博物院藏。

李唐（1066—1150），字晞古，河阳三城（今河南孟县）人。北宋画院南渡而入南宋画院的画家，精于山水画和人物画，与刘松年、马远、夏圭合称"南宋四家"。

此画又名《村医图》，旧传为李唐所作，描绘古代的行脚郎中以艾灸法为患者治病的场景。患者是一位瘦骨嶙峋的老人，可能患有背痈。行医者头插器械，镇静专注，正躬着身为裸露上身的患者在背部施灸。两小簇艾草正在背上燃烧，过程想必十分痛苦，病人张大嘴巴挣扎惨叫，需三个家属合力，踩腿，拉手，压肩，才将他按住。旁边另有一名药童，背插膏药招牌，正在以口呵气，准备为病人敷上膏药。画面既细腻写实，又夸张生动，将家属的不忍、病人的痛苦、郎中的专注描绘得诙谐传神，洵为南宋院体风俗画杰作。

村里的行脚郎中当然称不上"良医"，也治不了疑难杂症，行医的情景更与"和缓"二字不相干，但生动的画面令千载之下的我们也觉得亲切。

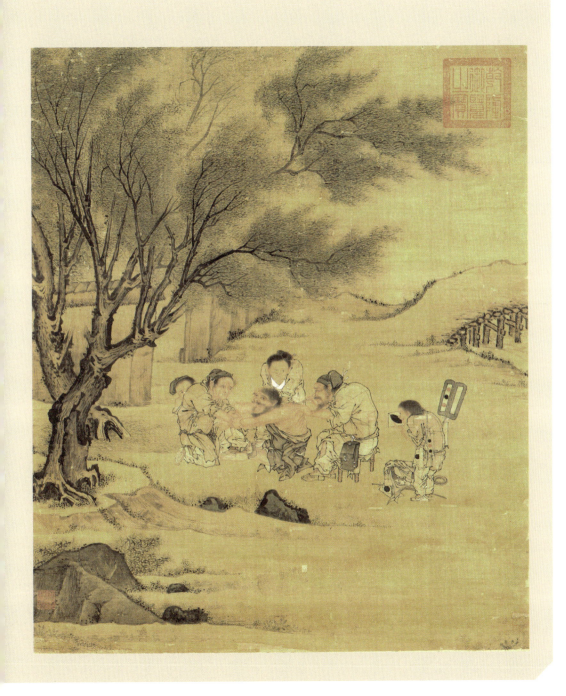

妯娌
竟然曾经与"先后"有关

民间俗语把两兄弟的妻子合称为"妯娌"。"妯娌"是一个联绵词，这种词的最大特点是任何一个单字都不能成词，比如"妯"和"娌"无法跟别的任何单字组词，只能这两个字合用。这情景很有趣，很像根本就不是一家人的"妯娌"俩，非要在一个屋檐下生活，磕磕绊绊自然少不了。

古时没有"妯娌"这一称谓，而是称作"姒娣"。《尔雅·释亲》："女子同出，谓先生为姒，后生为娣。""长妇谓稚妇为娣妇，娣妇谓长妇为姒妇。"郭璞注解说："同出，谓俱嫁事一夫。"古代社会实行一夫多妻制，因此常常出现姐妹二人同嫁一夫的现象，姐姐称"姒（sì）"，妹妹称"娣（dì）"，后来也把诸妾中年长的称"姒"，年幼的称"娣"，再经演变，两兄弟的妻子就合称"姒娣"了。这两个字很生僻，如果不好记的话，可以采用这个窍门：古人有把妹妹叫作"女弟"的称谓，"娣"这个字恰是由"女"和"弟"组成的，故指年幼者或弟弟的妻子。

汉代还有一个类似的称谓——"先后"。《汉书·郊祀志》载："神君者，长陵女子，以乳死，见神于先后宛若。"三国学者孟康注解说："产乳而死也。兄弟妻相谓先后。"颜师古解释说："古谓之娣姒，今关中俗呼为先后，吴楚俗呼之为妯娌。"

"妯娌"的称谓也出现于汉代，不过还没有成为妯娌关系的基本词。扬雄所著《方言》载："筑娌，匹也。"郭璞注解说："今关西兄弟妇相呼为筑里。""妯娌"和"筑娌（里）"乃是同一词的音变。

《北史·崔休传》记北魏大臣崔休的侄子崔愍"字长谦，幼聪敏。济州刺史卢尚之欲以长女妻之，休子巘（yǎn）为长谦求尚之次女，曰：'家道多由妇人，欲令姊妹为妯娌。'尚之感其义，于是同日成婚"。由此可知，南北朝时期，"妯娌"已经取代"姒娣"和"先后"而成为基本词，后二者则退化为古词。

《聊斋志异》中有一个有趣的"妯娌"故事，篇名《镜听》。郑氏兄弟二人，老大素有才华，父母都偏爱他，老二素来浪荡，不为父母所喜。两兄弟所受的不同待遇自然也体现在"妯娌"身上，老二的妻子动辄得咎，非常郁闷。这一年，兄弟二人都参加了科举考试，考完回到家，正值酷暑，妯娌俩正在厨房里做饭，忽然有报喜的人登门，祝贺说老大高中，婆婆高兴地走进厨房，对大媳妇说："老大中举了！汝可凉凉去（你赶快凉快凉快去）！"大媳妇得意洋洋地出去乘凉了，只剩下二媳妇在厨房里挥汗如雨地擀着面饼，一边干活儿一边哭泣不已。过了一会儿，又有人前来报喜，祝贺说老二也高中了，二媳妇把擀面杖一扔，雀跃说道："侬也凉凉去！"更有趣的是蒲松龄还为二媳妇的举动喝彩："投杖而起，真千古之快事也！"

妯娌关系之难处，跟婆媳关系之难处一样，这是一个困扰了中国人两千多年的难题，还会继续困扰下去。

《闺训图说》卷下『李光进妻和李光颜妻』，清代俞增光编订，何云梯绘图，光绪四年（1878）俞敬义堂刊本。

　　《闺训图说》专门收录历代女训事迹，此篇收在"贤姑嫂类"，实际是两个妯娌的故事。李光进和李光颜是同胞兄弟，弟光颜先于兄长娶了妻子，李母便将家事委托给其妻。后来兄光进娶妻时，李母已去世。按长幼之礼，弟妇（娣）应将管家权交付给兄嫂（姒）。光进妻不收，说弟妇管家是先姑（婆母）之命，不可更改。姒娣二人执手对泣，留下一个温情和睦的画面。

　　互敬互让的妯娌关系被收录进《闺训图说》一事，足以说明现实中这样融洽友爱的娣姒难得一见。

　　李光进、李光颜及其父李良臣均为唐代中期名将，号曰"三李"。今山西太原晋阳尚存父子三人的神道碑遗迹，人称"三李碑"。

岳父
为何是对妻子父亲的尊称

女婿管妻子的父亲叫"岳父"。这个称呼是怎么来的呢？

唐代博物学家段成式在《酉阳杂俎·语资》中讲了一个很好玩的故事："明皇封禅泰山，张说为封禅使。说女婿郑镒，本九品官。旧例，封禅后自三公以下，皆迁转一级，惟郑镒因说骤迁五品，兼赐绯服。因大酺次，玄宗见镒官位腾跃，怪而问之，镒无词以对。黄幡绰曰：'此泰山之力也。'"

唐玄宗李隆基要去泰山封禅，任命张说为封禅使。封禅是古代帝王祭天地的大典，一般都在泰山举行。在泰山上筑土为坛祭天，这叫"封"；在泰山下的梁父山开辟场地祭地，这叫"禅（shàn）"。张说身为封禅使，全权负责封禅大典的准备工作和各项仪式。

按照惯例，封禅之后，三公以下的官员都升迁一级。张说的女婿郑镒本来是九品官，按说应该升迁为八品官，张说大权在手，趁机将女婿直升为五品官，五品官官服的颜色为红色，即"绯服"。封禅后，唐玄宗举行盛大的宴会，这就叫"大酺（pú）"，席间，唐玄宗看到穿着绯服的郑镒，不明白他怎么一下子就升到了五品官，就询问郑镒，郑镒无言以对。著名笑星黄幡绰赶紧在一旁打圆场，说道："此泰山之力也。"意思是郑镒的升迁靠的是封禅泰山的机会，被张说提拔的。

从此之后，妻子的父亲就被称为"泰山"，妻子的母亲顺理成章地被称为"泰水"；又因为泰山乃五岳之首，号称"东岳泰山"，故妻子的父亲又称为"岳父"，妻子的母亲也顺理成章地被称为"岳母"；又因为泰山有丈人峰，故妻子的父亲又称为"岳丈"，妻子的母亲也顺理成章地被称为"丈母""丈母娘"。

张说的一桩假公济私之举，就此成为了"千古佳话"，而且以他为源头的这个称谓，至今还生命力旺盛地活跃在人们的口头语之中。

　　《康熙南巡图》是清代宫廷绘画长卷，自1691年起历时三年完成，记录了康熙帝第二次南巡（1689年）沿途所经过的山川城池、名胜古迹等。长卷总体设计和画中的山水树石均出自王翚手笔，人物及牛马等为杨晋所画，房屋、舟车等由供奉内廷的其他画家绘制。

整卷画面宏大，景象万千，充分展示了康熙南巡盛况。

　　王翚（1632—1717），字石谷，号耕烟散人，江苏常熟人，清初六大画家之一。山水画融会南北诸家之长，技法精巧，清丽工秀，有"合南北为一手"之誉。六十岁时以布衣

《康熙南巡图》卷三·济南至泰山（局部），清代王翚等绘，绢本设色长卷，美国大都会艺术博物馆藏。

供奉内廷，因绘制《康熙南巡图》称旨，康熙帝赐书"山水清晖"四字，故又号清晖老人。

康熙帝在位时六次南巡，其中两次祭泰山，此为第二次。南巡队伍由山路达泰安州，皇帝率扈从诸臣于山门处致礼于泰山。泰山是历代帝王封禅之地，绘者在狭窄的手卷上营造出泰山"峰峦耸立，云树腾秀"的气势，笔法严谨，青绿连绵，给人巨大的视觉压迫感。

姑息
为什么会养奸

　　"姑息"是苟且求安、无原则地宽恕别人的意思。常用的成语有"姑息养奸"，意思是纵容，不加限制，出于照顾或好心肠而迁就、容忍。

　　《礼记·檀弓上》篇讲述了一则"曾子易箦"的故事："曾子寝疾，病。乐正子春坐于床下，曾元、曾申坐于足，童子隅坐而执烛。童子曰：'华而睆，大夫之箦与？'子春曰：'止！'曾子闻之，瞿然曰：'呼。'曰：'华而睆，大夫之箦与？'曾子曰：'然，斯季孙之赐也，我未之能易也。元，起易箦。'曾元曰：'夫子之病革矣，不可以变，幸而至于旦，请敬易之。'曾子曰：'尔之爱我也不如彼。君子之爱人也以德，细人之爱人也以姑息。吾何求哉？吾得正而毙焉斯已矣。'举扶而易之。反席未安而没。"

　　睆（huǎn），即美好；箦（zé），为竹编的床席。曾子病得很严重，卧床不起。弟子乐正子春坐在床下，儿子曾元和曾申坐在脚边，童子坐在席子的一角，手里拿着烛火。童子突然惊奇地说："哎呀！夫子您躺卧的这领竹席又光滑花纹又漂亮，是大夫用的竹席吧？"

　　子春马上斥责他，让他别说话，别打扰曾子休息。但是曾子听到了童子的话，瞪大了眼睛，显出吃惊的样子，长叹了一声。

童子不懂事，又原样说了一遍。这回曾子听明白了，回答道："是的，这是咱们鲁国掌管国政的季孙氏送给我的，我还没来得及换呢。曾元，把我扶起来换掉这领竹席。"曾子的身份是士，如果躺卧在大夫的竹席上死去就是违背了礼仪，因此曾子要求换席子。

曾元回答道："您病得很厉害，不能这时候换，等到天亮再换吧。"

曾子说："你虽然是我的儿子，但是你对我的爱还不如童子对我的爱呢。君子爱人是以道德为标准，见识短浅的人爱人只知道姑息。我还求什么呢？我只希望能够按照礼仪而死就满足了。"

几个人只好抬着曾子换席子，结果曾子还没有躺安稳就去世了。正像他所说的，他死得一定很满足。

这里的"姑息"一词，郑玄注解说："息犹安也，言苟容取安也。"孔颖达进一步解释说："细小之人爱人也，不顾道理，且相宁息。"

《资治通鉴·唐肃宗乾元元年》载："自是之后，积习为常，君臣循守，以为得策，谓之姑息。"胡三省注解说："姑，且也；息，安也。且求目前之安也。"

除此之外，还有另外一种解释。《尸子》载鲁哀公和孔子的一段对话，孔子评价殷纣王时说："弃黎老之言，而用姑息之谋。"注："姑，妇女也；息，小儿也。"意思是说不听老人之言，却听从妇人和小儿的计谋。

《吕氏春秋·先识览》记周武王之语："商王大乱，沈于酒德，辟远箕子，爱近姑与息。"这里的"姑与息"毫无疑问跟《尸子》中的"姑息"一词含义相同。

因此，明代学者陈士元在《俚言解》中如此解释"姑息"："姑即母姑，息即子息。今人称子妇曰媳，古字媳与息同。谓之姑息者，言相亲昵不离也。息之事姑，惟承顺无犯而已，故以小人爱人者比之。"后人因此总结出"姑息养奸"这个成语。

《胡笳十八拍 文姬归汉图》『第二拍』，宋代佚名绘，明人摹本，绢本设色长卷，美国大都会艺术博物馆藏。

馬上將余向絶域厭生求死死不得戎羯腥膻豈似人豺狼喜怒難姑息行盡天山之霜霰風土蕭條近胡國萬里重陰鳥不飛寒沙莽莽無南北

"文姬归汉"这一题材风行于南宋，大约因经历了靖康之难，画家借古喻今。文姬即东汉蔡琰——大文学家蔡邕之女，因战乱被匈奴人掳走，十二年后才被曹操用重金赎回。此明摹宋本《胡笳十八拍 文姬归汉图》按唐代刘商所撰《胡笳十八拍》诗，一拍一图，以连环绘画形式描绘了文姬陷胡的坎坷经历。图以勾线为主，辅以墨染，设色淡雅，画面古朴蕴藉。

"十八拍"原是古乐府琴曲的名称，所谓"拍"，实为章、段之意。这一段描绘的是第二拍："马上将余向绝域，厌生求死死不得。戎羯腥膻岂是人，豺狼喜怒难姑息。行尽天山足霜霰，风土萧条近胡国。万里重阴鸟不飞，寒沙莽莽无南北。"蔡文姬被掳后，远离中原，深入胡地，所见所闻皆与家乡迥异，求死不得，备受折磨。在她眼中，异族戎羯不仅生活野蛮，性情也喜怒难测，故有"豺狼喜怒难姑息"之句。"姑息"在此处意为容忍，苟且偷安。画面上，柔弱的蔡文姬头戴幂篱，在一行胡人莽汉中显得如此孤独而绝望。

折枝
原来指为长者效劳

　　"折枝"一词，今天的日常用语和书面语中都不再使用，按说原无辨析的需要，但这个词很有趣，因为字面意思一望便知：折枝者，折断树枝也。如此明白无误的字面意思，莫非还有别的解释？当然有。

　　"折枝"这个说法出自《孟子·梁惠王上》篇中孟子和齐宣王的一段对话。孟子在向齐宣王讲解为人君者为何不能推恩于百姓的时候，举了这样两个例子加以论证："挟太山以超北海，语人曰'我不能'，是诚不能也。为长者折枝，语人曰'我不能'，是不为也，非不能也。故王之不王，非挟太山以超北海之类也；王之不王，是折枝之类也。"

　　"为长者折枝"，历代学者共有三种解释。

　　其一为东汉学者赵岐，他解释说："折枝，案摩，折手节，解罢枝也。少者耻是役，故不为耳，非不能也。"按照赵岐的解释，"枝"通"肢"，"折枝"就是为长者按摩。"折手节"指舒展长者双手的关节；"解罢枝"，"罢"通"疲"，指解除长者四肢的疲劳。年少者以之为耻，因此不是不能，而是不愿意做这样的事。

　　北宋学者孙奭（shì）继承了这种观点："如为长者按摩手节，

而语人曰："我不能为长者按摩手节。"是耻见役使但不为之耳，非不能也。"

其二为南宋学者陆筠。宋元间学者马端临在《文献通考·经籍考》中引用了陆筠在《翼孟音解》中的解释，他认为"折枝"为"磬折腰肢"。"磬（qìng）"是一种玉制或石制的乐器，悬挂在架上，击之而鸣。磬的形状曲折，因此而有"磬折"一词，形容行礼时屈身，如同磬一样曲折，表示恭敬之意。

其三为南宋学者朱熹，他解释说："为长者折枝，以长者之命折草木之枝。言不难也。"这一解释就是"折枝"的字面意思。但为长者折取草木之枝，实属毫无意义的举动，折下这根枝条做什么用呢？因此朱熹的解释最不可取。

赵岐所说"折枝"即按摩也不可取，因为"折"的本义是用斧头砍断树木，引申义也根本没有按摩之意；如果非要用其本义来比附按摩，那么这种用砍断树木来比附的按摩未免过于凶猛可怕。

因此陆筠的解释最为可取。"折"为磬折；"枝"通"肢"，意为腰肢。即使贵为一国之君，也应该尊敬长者，向长者行礼。孟子就是用这样的比喻来劝谕齐宣王，后人遂以之用作为长者效劳的典故。比如明代散文家归有光在《君子尊德性而道问学》中写道："折枝之命，受之者不敢委；抱关之位，居之者不敢懈。""抱关"指掌管城门的门闩，职位低微，恰好对应以卑对尊的"折枝"一词。

擴充仁心

《圣庙祀典图考·孟子圣迹图》『扩充仁心』，清代顾沅编，孔继尧绘图，道光六年（1826）吴门赐砚堂顾氏刊本。

顾沅（1799—1851），清代学者、藏书家。字澧兰，号湘舟，又自号沧浪渔父，江苏长洲（今苏州）人。孔继尧，字砚香，号莲乡，昆山人。画宗元人黄公望，山水、花鸟皆神妙，尤精人物，长于民俗题材。《圣庙祀典图考》收录了孔子及由汉至清历代配祀孔庙者144人画像，包括孔子弟子及历代名儒，均附人物小传，书后附孔孟圣迹图一卷。此书广搜博采，访求汉唐以来诸先贤画像绘入，刻画严谨细腻。

《孟子圣迹图》绘制了孟子一生的主要事迹。这一幅描绘的是孟子与齐宣王谈论齐桓公和晋文公之事，孟子告诉他，将以羊易牛、好生恶死的不忍之心扩充推广就可以保民行王道。在这一段对话中，孟子提及了"为长者折枝"，若说不能，是不为也，非不能也，而齐宣王行王道一事就是"折枝之类"。孟子善辩，言辞爽利，抓住一切机会，譬喻，劝导，引诱，不遗余力推行仁政思想。

采花
原来比喻美好的爱情

　　《三侠五义》第六十二回《遇拐带松林救巧姐》："细细打听，方才知道是个最爱采花的恶贼，是从东京脱案逃走的大案贼。"《三侠五义》是清代小说，可见至迟到清代，"采花"一词已经成为夜入民宅、奸污妇女的代名词。现代武侠小说中屡屡出现的采花贼、采花大盗等称谓，也正是使用的这个意义。不过，"采花"原来是古代民间一项极其美好的习俗。

　　宋人郭茂倩所辑《乐府诗集》中收录了无名氏的一首《于阗采花》："山川虽异所，草木尚同春。亦如溱洧地，自有采花人。"描述西域的于阗同中原的溱洧（zhēn wěi）之地一样也有采花人。溱洧指郑国的溱水和洧水。《诗经·郑风》中有《溱洧》一诗，吟咏郑国的青年男女结伴春游之乐，两段的结句分别是："维士与女，伊其相谑，赠之以勺药。""维士与女，伊其将谑，赠之以勺药。"每年仲春，郑国的少男少女们齐集溱洧河畔游春，并互相赠送芍药，芍药因此成为男女爱慕之情的象征。

　　这样一首表达美好爱情的诗篇，竟然被《毛传》称为"刺乱也"，孔颖达甚至进一步发挥说："维士与女，因即其相与戏谑，行夫妇之事。及其别也，士爱此女，赠送之以勺药之草，结其恩情，以为信约。男女当以礼相配，今淫泆如是，故陈之以刺乱。"此诗因此被后世的道学家们诬为淫诗，采芍药之花并相赠的美好习俗从此成为淫佚的象征。这就是"采花"比喻奸污妇女的最早语源。

"于阗采花"是陈、隋间的曲名，后来李白也写过一首同名诗篇："于阗采花人，自言花相似。明妃一朝西入胡，胡中美女多羞死。乃知汉地多名姝，胡中无花可方比。丹青能令丑者妍，无盐翻在深宫里。自古妒蛾眉，胡沙埋皓齿。"此诗吟咏王昭君的美貌，并抒发自古以来美人多遭嫉妒的情感。将王昭君比作美丽的花儿，这是对王昭君的赞美之辞，并无后世"采花贼"行径的肮脏。

从"赠之以勺药"的美好的"采花"习俗，一变而为淫乱的"采花"行径，人心之不古，在这个词的演变中可以看得清清楚楚。道学家们极其肮脏的内心，玷污了这朵美丽的芍药花。

《陈风图》是宋高宗、宋孝宗与马和之合作的《诗经》系列图（或称"毛诗图"）之一，根据《诗经·陈风》诗意而绘。传世赵书马画《诗经》图众多，而真迹稀少，此卷是可信真迹之一，人物衣纹、开脸、神采和淡彩设色都具马和之典型面目。

陈国大致位于今天的河南省东部，是西周至春秋时期的一个妫姓诸侯国，定都宛丘（今河南省周口市淮阳区城关一带），"好乐巫觋歌舞之事"（朱熹）。

《陈风》共十篇，《东门之枌》是第二篇，其中有"东门之枌，宛丘之栩……视尔如荍，贻我握椒"之句，朱熹《诗集传》中说："此男女聚会歌舞，而赋其事以相乐也。"这是一首情歌，描写春天的良辰，子仲家的少女在白榆（枌）和柞树（栩）下婆娑起舞，引来少年爱慕的目光。两情相悦，男子将少女比作锦葵花（荍），少女赠给男子一握花椒。但见画面上的青年男女坦然相爱，率真欢乐，陈国风俗之美好并不亚于郑国呢。

《陈风图》『东门之枌』，南宋马和之绘，赵构书，绢本设色长卷，大英博物馆藏。

饯行
原来首先要祭路神

　　"饯行"一词今天还在使用。亲友远行，要为之饯行，摆一桌酒宴，大吃大喝一顿了事。虽然尚有远古遗意，但饯行的礼仪却早已缺失了。

　　《说文解字》："饯，送去也。"为远行之人送别。徐锴解释说："以酒食送也。"饯行一定要有酒食。这种解释过于简单，事实上古人饯行的礼仪要复杂得多，而且深刻体现了祭祀在古人日常生活中的重要性，无时无刻不能缺少。

　　《诗经·国风·泉水》是一首描写出嫁的卫国女子怀念亲人、思慕祖国的诗篇，其中吟咏道："出宿于沛，饮饯于祢。"这是该女子回忆出嫁时的情景，"沛（jǐ）"和"祢（mí）"都是地名。《毛传》如此解释"饮饯"之礼："祖而舍軷，饮酒于其侧曰饯，重始有事于道也。"

　　这段话包含着丰富的礼仪细节，不太好理解。先来看看孔颖达进一步的解释："言祖而舍軷，饮酒于其侧者，谓为祖道之祭，当释酒脯于軷舍。軷即释軷也。于时送者遂饮酒于祖侧，曰饯。饯，送也。所以为祖祭者，重已方始有事于道，故祭道之神也。"

　　祭祀路神称"祖"，又称"祖道"。之所以叫"祖"，一说认为"祖"

通"徂（cú）"，意为前往；还有一说认为"祖"是始的意思，远行之始，因此要祭祀路神。

"軷（bá）"也是路神之祭。据《周礼》记载，周代有"大驭"一职，职责是"掌驭玉路以祀"。"玉路"即玉辂，乃帝王所乘的以玉为饰的车子。周天子出行的时候，大驭负责掌管祭祀路神。

怎么祭祀呢？"及犯軷，王自左驭，驭下祝，登，受辔，犯軷，遂驱之。及祭，酌仆，仆左执辔，右祭两轵，祭軓，乃饮。"

"軷"，郑玄注解说："行山曰軷。"行走于山地叫"軷"。"犯之者，封土为山象，以菩刍棘柏为神主，既祭之，以车轹之而去，喻无险难也。"用土堆成山的模样，用菩、刍、棘、柏这四种草中的任意一种制成神主的牌位，祭祀完毕之后，再用车轮碾过，表示行道已无艰险。

在祭祀的过程之中，天子在车左边的位置控驭着马，不让它前进，大驭下车向神祝告。祝告完毕，然后登车，从天子的手中接过马缰绳，驾车碾过祭祀的土山，于是驱车前行。

"轵（zhǐ）"是车轮外端贯穿车轴的小孔；"軓"通"轨"，是车轴。在祭祀的过程之中，天子让人酌酒敬献大驭，大驭左手握着马缰绳，右手用酒祭车的两轵，再祭车轴，祭祀完毕之后，将剩下的酒喝尽。

这就是整个祭祀的过程。不过，天子和诸侯之祭还要使用祭牲，天子用犬，诸侯用羊，而卿大夫则不使用祭牲，只用酒脯，即酒和干肉而已。

综上所述，根据《毛传》和孔颖达的解释，饯行之礼必须在郊外举行，首先要设置一个简易的神坛来祭祀路神，或者用祭牲，或者用酒脯，然后众人在神坛之侧饮酒，为远行之人送别。这整个一套礼仪才能称作"饯行"，不祭祀路神而只管大家饮酒吃肉，那是因为祭祀在后人的日常生活中早已失去了重要性。"国之大事，在祀与戎"，这就是古人和今人的区别所在。

《唐诗选画本》二编卷三『芙蓉楼送辛渐』，铃木芙蓉绘，小林新兵卫宽政二年（1790）版。

《唐诗选画本》由日本东京书肆嵩山房梓行，著名学者小村高英等选注，以明代李攀龙《唐诗选》为原本，选录五七言近体诗约三百首，多为名篇，每诗均配画一幅，旁附日文注释。绘图者均为当时浮世绘名家，被誉为诗画双绝。这种图文并茂的画本因其雅俗共赏，极受民众喜爱，多次重版，影响深远。

此页描绘的是王昌龄的名作《芙蓉楼送辛渐》诗意。芙蓉楼原名西北楼，登临可俯瞰长江，在润州（今江苏镇江）西北。此诗大约作于天宝元年（742），王昌龄时为江宁丞，友人辛渐将北上洛阳，诗人在江边芙蓉楼上为他饯行。一夜寒雨，江天浩渺，二人在楼头饮酒话别，诗人咏出"洛阳亲友如相问，一片冰心在玉壶"的千古名句。此次送别形式简单，未设祖帐、祭品，只有一席酒兼一席话而已，而能流传千载，诗之力也。

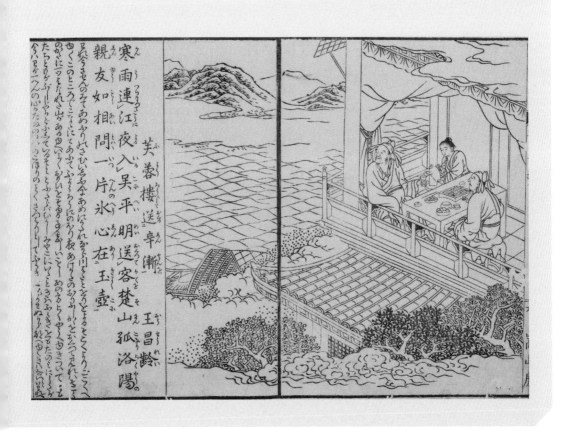

芙蓉樓送辛漸　　王昌齡

寒雨連江夜入呉平明送客楚山孤洛陽

親友如相問一片氷心在玉壺

添丁
原来是凶兆

　　能负担赋役的成年男子称"丁"，"添丁"当然就指家里添了一个男孩。这个典故来自唐代诗人卢仝。

　　卢仝不到二十岁就隐居少室山，号玉川子，极其贫穷，但因诗作奇崛，为韩愈所激赏。这一年他添了一个男孩，取名"添丁"，意思是为国家添了一个可以服役的壮丁，由此可见卢仝志存高远而且为国着想。韩愈有一首《寄卢仝》的诗，其中写道："去年生儿名添丁，意令与国充耘耔。""耘耔"指除草培土，泛指田间劳作。

　　卢仝的志向当然不是让儿子充当一名农夫，但清贫的生活却在他的诗篇中反映得淋漓尽致。他写有《示添丁》一诗，全诗如下："春风苦不仁，呼逐马蹄行人家。惭愧瘴气却怜我，入我憔悴骨中为生涯。数日不食强强行，何忍索我抱看满树花。不知四体正困惫，泥人啼哭声呀呀。忽来案上翻墨汁，涂抹诗书如老鸦。父怜母惜捆不得，却生痴笑令人嗟。宿春连晓不成米，日高始进一碗茶。气力龙钟头欲白，凭仗添丁莫恼爷。"

　　虽然有"添丁"的喜悦和调皮的儿子所带来的天伦之乐，但"数日不食"，卢仝之贫穷可见一斑。不过卢仝虽穷，却好茶成癖，"一碗喉吻润，两碗破孤闷。三碗搜枯肠，惟有文字五千卷。四碗发轻汗，平生不平事，尽向毛孔散。五碗肌骨清，六碗通仙灵。七碗吃不得也，唯觉两腋习习清风生"。《走笔谢孟谏议寄新茶》诗中这著名的"七碗茶"的概括，使日本人对他推崇备至，他也被尊为日本茶道的始祖之一。

虽然一生未仕，但卢仝还是卷入了朝廷的政治斗争，并成为牺牲品。据《唐才子传》载，唐文宗设计准备诱杀宦官头领仇士良等人，结果事败，当朝官员几乎被宦官集团屠杀一空，史称"甘露之变"。宰相王涯也被杀身亡，事发时，刚好卢仝和诸客会食，留宿于王涯的书馆之中，因此被抓。卢仝辩解道："我卢山人也，于众无怨，何罪之有？"抓捕的吏卒回答说："既云山人，来宰相宅，容非罪乎？"行刑时，"仝老无发，奄人于脑后加钉。先是生子名'添丁'，人以为谶云"。"丁"是"钉"的古字，所以人们才会认为"添丁"的名字即为卢仝受刑之谶。

卢仝为国添一丁的美好愿望虽然没有实现，自己也"脑后加钉"而亡，但"添丁"的典故就此流传了下来，成为生男孩的代名词。

　　杜堇，明代著名画家，生卒年不详，约活动于十五世纪至十六世纪初。字惧男，号柽居、古狂、青霞亭长等，丹徒（今江苏镇江）人。成化中试进士不第，遂绝意进取。工诗文，善绘事，以人物画著称，精白描法。《古贤诗意图》卷由明代金琮书唐宋名家诗十二首，杜堇按诗意绘图九幅。图皆墨笔白描，构图简洁，意境清幽，人物生动，墨色淡雅，笔法细劲透逸，小景穿插有致，得诗意要旨。

　　这一段画面根据卢仝《走笔谢孟谏议寄新茶》（画中题为《茶歌》）诗意而绘。画家并未选取卢仝烹茶高吟"七碗茶"歌的场面，而是抓住此诗开头"日高丈五睡正浓，军将打门惊周公。口云谏议送书信，白绢斜封三道印"四句细细描绘。此诗是卢仝年轻时的即兴之作，当时卢仝隐居少室山，孟谏议（孟简）为常州刺史。送茶军将的叩门声，惊醒了诗人的一枕浓睡。军将远途而来，带着送信和新茶的任务，敲门声想必略显急切。反观主人，已是日高丈五，依然高卧草堂，柴门紧闭。一动一静之间，赋予了画面生机和情趣。

　　可惜如此淡泊狷介之人，最后也成了朝堂斗争的牺牲品。

茶歌

日高丈五睡正浓，军将扣门惊周公。口传谏议送书信，白绢斜封三道印。开缄宛见谏议面，手阅月团三百片。闻道新年入山里，蛰虫惊动春风起。天子须尝阳羡茶，百草不敢先开花。仁风暗结珠琲瓃，先春抽出黄金芽。摘鲜焙芳旋封裹，至精至好且不奢。至尊之余合王公，何事便到山人家。柴门反关无俗客，纱帽笼头自煎吃。碧云引风吹不断，白花浮光凝碗面。一碗喉吻润，二碗破孤闷。三碗搜枯肠，唯有文字五千卷。四碗发轻汗，平生不平事，尽向毛孔散。五碗肌骨清，六碗通仙灵。七碗吃不得也，唯觉两腋习习清风生。蓬莱山，在何处。玉川子，乘此清风欲归去。山上群仙司下土，地位清高隔风雨。安得...神仙...恩六土...

《古贤诗意图》之「茶歌」，明代金琮书，杜堇绘，纸本墨笔长卷，北京故宫博物院藏。

正室、侧室
原来不是指妻妾

　　"正室"指妻，又称正房；"侧室"指妾，又称偏房。这是稍有中国历史常识的人都知道的，但是这种称谓是汉代以后的事情，先秦时"正室""侧室"可不是这个意思。"正室"指祖庙，用来供祀祖先；"侧室"指燕寝旁侧之室，燕寝是供休息的宫室，正寝在前，燕寝在后，侧室还要在燕寝之旁。

　　《周礼·春官·小宗伯》中有小宗伯一职，职责之一是"掌三族之别，以辨亲疏，其正室皆谓之门子，掌其政令"。郑玄注解说："正室，嫡子也，将代父当门者也。"正室原是卿大夫的嫡子，因为要"代父当门"，"掌其政令"，故又称"门子"。

　　《礼记·文王世子》中这一段话说得更清楚："公若有出疆之政，庶子以公族之无事者守于公宫，正室守大庙。"出疆指朝觐会同之事，国君不在国内的时候，同族中无事的庶子守宫室，而嫡子则要守太庙。太庙是最重要的祭祀场所，地位远远高于宫室，因此派嫡子镇守。"正室"之所以作为嫡子的称谓，就是从供祀祖先的太庙引申而来。

　　《左传·桓公二年》载："天子建国，诸侯立家，卿置侧室。"杜预注解说："侧室，众子也。"即嫡子之外的庶子。天子建国之后要分封诸侯，诸侯设家臣卿大夫，卿大夫则设置侧室一职，由庶子出任。《左传·文公十二年》载："赵有侧室曰穿。"杜预注解说："侧室，支子。"孔颖达注解说："正室是适子，知侧室是支子，言在适子之侧也。"适子就是嫡子。赵穿是赵氏的旁支，因此可以出任"侧室"一职；"言在适子之侧也"，刚好符合"侧"的本义。

这就是"正室"和"侧室"的本义。到了汉代，"侧室"开始引申为妾。《淮南子·修务训》中有"楚庄之琴，侧室争鼓之"的记载，这里的"侧室"即是"侧室之宠人"。据《汉书》载，汉文帝自称"朕，高皇帝侧室之子"，颜师古说"言非正嫡所生也"，当然就是妾。南朝宋号称"文坛四友"之一的何长瑜作诗嘲讽陆展："陆展染须发，欲以媚侧室。青青不解久，星星行复出。"陆展将须发染黑以取悦宠妾，不久又复星星矣！

"侧室"既引申指妾，"正室"当然也就顺理成章地指嫡妻了。

　　兰陵笑笑生的《金瓶梅》是明代"四大奇书"之首，中国文学史上最伟大的小说之一，也是中国第一部真正意义上的"世情小说"，自问世以来，插图绣像本层出不穷。这组册页作于17到18世纪，乃不知名的清代画家依照明代插图翻画的作品。

　　这幅画的是《金瓶梅》第十八回"赂相府西门脱祸 见娇娘敬济销魂"中的一个场景。西门庆的女婿陈敬济因家中出事，跟着西门大姐寄住在岳家，被安排在花园中监工。吴月娘便设宴犒劳他，又招来西门大姐、孟玉楼一起，四人玩牌。正在这时，潘金莲掀帘而入，陈敬济"扭颈回头，猛然一见，不觉心荡目摇，精魂已失。正是：五百年冤家今朝相遇，三十年恩爱一旦遭逢"。

　　在这些人里，吴月娘是西门庆的"正室"（虽然她并非原配，而是续弦），孟玉楼、潘金莲都是西门庆的"侧室"。岳父的妻妾与女婿之间原当回避，却由于吴月娘"引狼入室"，此后女婿陈敬济得以在后院毫无顾忌，窃玉偷香。

异闻秘史

马路
不是供马走的路

　　网络上有一个流传很广的故事：在一次记者招待会上，有位美国记者问周恩来总理："在你们中国，明明是人走的路，为什么却要叫马路呢？"周恩来总理回答道："我们走的是马克思主义道路，简称马路。"这当然是周恩来总理的幽默，但是不得不承认让美国记者感到疑惑的问题确实是一个问题。那么，"马路"为什么叫"马路"呢？

　　各种辞典都把"马路"解释为古代可以供马驰行的大路，并且举《左传·昭公二十年》中的一句话为例："褚师子申遇公于马路之衢，遂从。"这种解释属于望文生义，并没有理解"马路"之"马"到底是什么意思。

　　原来，此处的"马"是"大"的意思。李时珍在《本草纲目·草五·马蓼》中说："凡物大者，皆以马名之。"近代学者章太炎在《新方言·释言》一书中则总结道："古人于大物辄冠马字……今淮南、山东谓大枣为马枣，广东谓大豆为马豆，通言谓大蚁为马蚁。"可见"马"可以作为形容词来使用，意思就是"大"。

　　为什么"马"字有"大"的含义呢？这是因为远古时期的人们根据自己的需要和对动物世界的认知程度，选择了六种动物作为驯养对象，称为“六畜”，分别是马、牛、羊、鸡、犬、豕（猪）。汉代著名的《匈奴歌》“失我祁连山，使我六畜不蕃息”中的“六畜”即此意。“六畜”当中马居首，因为马的形体最大，古人因此用“马”来指称大的物体。比如“马蜂”就是大蜂，《尔雅·释虫》郭璞注：“今江东呼大蜂在地中作房者为土蜂，啖其子，即马蜂。”又比如“马船”就是大型官船，明朝诗人李东阳《马船行》：“南京马船大如屋，一舸能容三百斛。”又比如厨师炒菜的大勺称“马勺”。

再来看《左传·昭公二十年》中的这句话：“褚师子申遇公于马路之衢，遂从。”讲的是卫国动乱，卫灵公乘车逃亡，遇到大夫褚师子申。“衢（qú）”指通往四方的道路，这里指十字路口；既是十字路口，那么一定是大路无疑，因此“马路”指大路，而不是供马驰行的路。

《诗经·小雅·鹿鸣之什图》『皇皇者华』，南宋马和之绘，赵构书，绢本设色长卷，北京故宫博物院藏。

　　《诗经》系列图之一。北京故宫博物院藏《鹿鸣之什》卷创作于高宗朝。此卷书、画共十段，绘画简逸流动，书法端庄潇洒，是极难得的存世的赵书、马画合璧真迹。

　　《小雅·皇皇者华》是吟咏使臣出外访贤求策之作。《毛诗序》云："《皇皇者华》，君遣使臣也。送之以礼乐，言远而有光华也。"画面上是一条宽阔的山间道路，一辆驷马之车正逶迤行进。使臣手挽"六辔"，端坐车中，车旁一人擎着旌节，马车前后有许多随从各携行李什物赶路。路旁草木繁茂，鲜花盛开，溪水淙淙，一派春和景明的旅途风光。这条大道虽是山路，却甚为开阔，曲折而不崎岖，宽宽松松供驷马驱驰，更兼景致幽美，实为一条好"马路"。

书信
原来指传递信札的人

　　今天的"书信"就是指寄出去的信函,由内文和信封两部分组成,贴上邮资,交付邮局寄出。但是"书信"最早却是指人,传递信札的人被称作"书信"。

　　"信"是一个会意字,从人从言,会意为人口所言是真实的话,因此古时把携带符信或者传递信息的人叫作"信"。《越绝书》卷五载,大夫文种为越王勾践献策:"君王卑身重礼,以素忠为信,以请籴(dí)于吴。"以素忠这个人作为信使,向吴国买米。《世说新语·文学》载:"司空郑冲驰遣信就阮籍求文,籍时在袁孝尼家,宿醉扶起,书札为之,无所点定,乃写付使。时人以为神笔。"这段话更明白:"遣信",所"遣"之"信"必为人;阮籍写完后"付使",所"付"之"使"即郑冲所"遣"之"信"。因此"信""使"同义,都是指使者。

　　《乐府诗集》中有《估客乐》诗一首:"郎作十里行,侬作九里送。拔侬头上钗,与郎资路用。有信数寄书,无信心相忆。莫作瓶落井,一去无消息。""有信数寄书,无信心相忆",这两句诗道出了"信"和"书"的区别:"书"才是今天意义上的信函;而"信"是人,有人前去就托他带去信函,无人前去就以心相忆。

　　"信"指传递消息的人,"书信"连用同样是指人——传递信札的人。《晋书·陆机传》载，陆机在京师很久没有得到家里的消息了，于是对所养的狗说："我家绝无书信，汝能赍书取消息不？"赍（jī），意持。家里没有派来送信的人，陆机就派狗持信札回去通消息。《南齐书·鱼复侯子响传》中则说得更明白："臣累遣书信唤法亮渡，乞白服相见。""遣书信"，跟"司空郑冲驰遣信就阮籍求文"的用法一样，都是指传递信札的人。

大约从唐代开始，"书信"不再指人。鲍溶《赠远》诗："莫劳雁足传书信，愿向凌烟阁上看。""雁足传书信"，可见"书信"一词已经专指信札。许浑《下第怀友人》诗："独掩衡门花盛时，一封书信缓归期。"既用"一封"来计量"书信"，当然也是专指信札而不能指人。

《风流五叶松 信使》，喜多川歌麿绘，锦绘木版画，约1797至1798年。

作为"大首绘"的创始人，喜多川歌麿代表着浮世绘美人画的巅峰。他以纤细高雅的笔触绘制了许多近景特写美人，善于捕捉女子个性和情绪，竭力探究女性的喜怒哀乐与种种微妙情态之美。他所描绘的女性类型和女性活动超过其他任何浮世绘师。

《风流五叶松》系列是歌麿的后期作品，技巧成熟，淡雅柔美，活色生香。这幅画描绘的是一个年轻的侍女正在向一位盛装美人递上一封书信。美人弯腰凑近侍女微微启动的口唇，神色专注而关切。侍女在悄悄说什么呢？来信者何人？又有什么额外的嘱托？这样郑重又秘密的传递方式，肯定是一封情书吧。

讨厌
来自巫术用语

在日常生活中，人们常常用"讨厌"一词来表达厌恶的心情。"讨厌"为什么会具备这个含义？"讨"和"厌"又是怎么组合在一起的呢？

想要厘清"讨厌"一词，必须先从"厌"字说起。"厌"是古时的一种祭祀方式，分为阴厌、阳厌两种。这两种祭祀方式记载在《礼记·曾子问》中。

孔子向曾子解释何为阴厌何为阳厌时，说了一大篇今人不易理解的话："宗子为殇而死，庶子弗为后也。其吉祭，特牲。祭殇不举〔肺〕，无肵俎，无玄酒，不告利成，是谓阴厌。凡殇，与无后者，祭于宗子之家，当室之白，尊于东房，是谓阳厌。"

宗子，指嫡长子；殇，未成年而死；庶子，指嫡长子以外的众子；吉祭，下葬后拜祭，然后再哭祭一次完成祭礼；特牲，祭礼只使用一种牲畜；肺，周代人使用牲畜的肺来祭祀；肵（qí）俎，祭祀时盛放牲畜心、舌的器具；玄酒，祭祀时当作酒使用的清水，其色黑，故称"玄酒"；利成，供养之礼完成；凡殇，指嫡长子以外的众子之殇。

以上疑难字词既明，然后来解释孔子的这一段话。这段话是讲解嫡长子之殇和庶子之殇后祭礼的区别。

嫡长子未成年而死，不得将庶子立为后，祭祀的时候只使用一种牲畜。古时成年人死后，祭祀的时候要把死者的孙子立为"尸"，代表死者受祭，古人认为祭祀的目的在于和祖先的灵魂感通，用孙子来代表死去的先祖受祭，可以凝聚先祖之气，这种祭祀称作"尸祭"。周代人尸祭的时候要使用牲畜的肺，要有"肵俎"，还要使用玄酒，祭祀完毕的时候，还要告知代表死者受祭的"尸"供养之礼已经完成。但是嫡长子未成年而死，当然不能和祭祀成年人一样，因此孔子说"祭殇不举〔肺〕，无肵俎，无玄酒，不告利成"。这种祭祀就叫"阴厌"。嫡长子身份尊贵，因此要在房间最尊贵的西南角祭祀，西南角乃阴暗之处，阳光照不到，故称"阴厌"。

嫡长子以外的众子或者没有后代的庶子之殇，要在嫡长子家里的祖庙之内祭祀，祭祀的时候要在阳光明亮的西北角，故称"阳厌"。

"厌"为什么会作为祭祀方式呢？郑玄说："厌，厌饫（yù）神也。"是让神吃饱的意思。其实"厌"的本义是覆压，当作祭祀方式属于借用。由覆压的本义引申为压制，比如秦始皇常常说"东南有天子气"，因此"东游以厌之"，要镇服这股天子之气。由此而产生了古代一种叫作"厌胜"的巫术，指使用诅咒的方法制胜，压服对自己有威胁的人或物。对自己有威胁，当然非常"讨厌"，"讨"是招致、招来的意思，招来这种厌胜的巫术，压服令自己讨厌的人或物，此之谓"讨厌"。后人遂组成"讨厌"一词，一直使用到今天，但是"厌"的本义却渐渐消失了。

《帝鉴图说》由明代内阁首辅、大学士张居正亲自编撰，是供当时年仅十岁的小皇帝明神宗（万历皇帝）阅读的教科书，由一个个小故事构成，分两编："圣哲芳规"讲述历代帝王励精图治之举，"狂愚覆辙"剖析历代帝王倒行逆施之祸，每个故事均配以形象的插图。此彩绘版《帝鉴图说》大致绘制于清代早期，可能是当时的外销画，传入欧洲后添加了法文注释，并按照西方图书装订方法粘合成册。画面严谨工丽，略具西洋透视技法。

这幅"女巫出入"描绘的是汉武帝时期后宫的故事。据汉史记载，武帝纵容女巫往来宫中，教宫人们祈祷解厄，刻木为神道形象，埋在屋里以祈福。宫人们有彼此妒忌怨恨者，就向武帝告发，说有人在背地里雕刻人形，魇镇诅咒主上。武帝大怒，多所击杀。后又听信谗言，大兴巫蛊之狱，牵连诛死者不可数计，酿成武帝后期政局的空前巨变。也难怪历代宫廷对于"厌胜"之事皆深恶痛绝。

老油条
为何比喻圆滑

　　过分圆滑的人俗称"老油条"。"老油条"不一定真的非老不可，很多刚出校门的人比在职场混了好几年的人更像"老油条"。

　　"老油条"除了圆滑这个特征，还有一个特征是喜欢放空炮，见人说人话，见鬼说鬼话，对所有人都很亲热，可是这种亲热透着一股子虚假，就像油条看起来胖胖的，使劲儿一挤就变成了一根麻秆。因此，对付"老油条"的最好办法就是挤出他话里面的空气，"老油条"立马就会被打回原形。

　　为什么将圆滑之辈称为"老油条"？这话说起来可就长了，要一直追溯到将近一千年前！话说公元1142年，奸臣秦桧以"莫须有"的罪名杀害了岳飞之后，南宋都城临安（今杭州）的百姓对秦桧恨之入骨，于是有人发明了一种油炸食品，捏两个面人，绞在一起油炸，这两个面人代表秦桧和他老婆王氏，取名"油炸烩"，"烩"与秦桧的"桧"同音，借以泄恨，这种食品就是今天的油条。粤语和闽南方言里至今还管油条叫"油炸鬼"，"鬼"是"烩"的谐音。

　　清人徐珂《清稗类钞》中写作"油灼桧"："油灼桧，点心也，或以为肴之馔附属品。长可一尺，捶面使薄，以两条绞之为一，如绳，以油灼之。其初则肖人形，上二手，下二足，略如乂字。盖宋人恶秦桧之误国，故象形以诛之也。"秦桧和他老婆的白铁铸成的像在西湖边供人唾骂，他们还要被人捏成人形下油锅炸，可见坏人是不能轻易做的。

除了"油炸烩"，杭州还有一种小吃，叫"葱包桧儿"，用春卷皮裹上油条和葱段，在平底锅上反复压扁，直至烘烤到金黄色，再抹上辣酱或甜酱即成。据说这是因为当年卖"油炸烩"的店铺特别多，有时炸多了卖不完，就将变冷了的"油炸烩"在锅上烤，烤熟后同葱段和春卷皮一起食用，一咬之下，吱吱作响，意为让秦桧和王氏受二茬罪。这种"葱包桧儿"所用的油条就是"老油条"，指冷了的油条。

油条是油炸的，当然"油滑"，因此用来指那些油滑之辈。"油滑"久了，变得更加"圆滑"，是为"老油条"。

《聊斋全图》第六十四册『秦桧』插图，绢本设色，约清代光绪时期绘本，奥地利国家图书馆藏。

《聊斋志异》是清代蒲松龄所著文言短篇小说集，成书于康熙年间，多为鬼狐仙怪、花妖木魅的故事。《聊斋全图》共九十册，是描绘《聊斋志异》故事的彩绘连环画，今仅存二十三册左右，奥地利国家图书馆藏有十七册。此画册约为光绪时期绘本，经折装，封面封底均以宋锦装裱，每册正文有绢本设色画面及洒金纸本配文各十二开，十分华丽。

此图描绘的是《聊斋志异》中《秦桧》一篇的故事。原文很短，说的是青州冯中堂家杀了一口猪，烫掉猪毛，发现肉内有字云："秦桧七世身。"烹而啖之，其肉臭恶，难以下咽，只得喂狗。作者感叹说："呜呼！桧之肉，恐犬亦不当食之矣！"秦桧之名遗臭后世，百姓对其恨之入骨，故而有了这段猪身嵌字的故事。"油炸桧""葱包桧儿"，无不如此，只是可惜连累了这个"桧"字。

危言
竟然指正直的话

在今天的汉语语境中，"危言"是一个不折不扣的贬义词，而且不单独使用，仅用于"危言耸听"这个常用的成语，形容故意说吓人的话或口出惊人之语，目的是使人惊恐。

不过，追溯"危言"一词的源头，却可以发现，这竟然是一个不折不扣的褒义词，"危言"最早指正直的话。

"危言"为什么会具备这样的义项呢？先来看"危"这个字。"危"的造字原理，正如日本著名汉学家白川静先生在《常用字解》一书中所说："形示高高的'厂'（崖之形）上有人跪着往下看，因此有危险之义……义示跪着的人处于山崖下。"因此，许慎在《说文解字》中释义为："危，在高而惧也。"

也就是说，"危"具备两层含义：一是居于高处、高耸，二是因居于高处而恐惧。由"危"所组成的一切汉语词汇中，这两层含义都非常奇妙地共处其中，因取舍的不同而呈现出不同的义项。比如"危楼"的称谓，古时指高楼，李白有名作《夜宿山寺》："危楼高百尺，手可摘星辰。不敢高声语，恐惊天上人。"取的就是第一层含义。而今天则指即将坍塌的危险楼房，取的则是第二层含义。

"危言"也不例外。《论语·宪问》篇中记载了孔子的一句名言：

"子曰：'邦有道，危言危行；邦无道，危行言孙。'"这里的"危"，历代学者都注解为"厉"，即严厉；凡是能够说出严厉的话语的人，一定处于居高临下的地位，因此，严厉的义项仍然由"危"的第一层含义引申而来。具体到"子曰"的语境，"危言"则专指针对统治者所说的话，而针对统治者进行劝谏的言论，一定是正直的言论，因此，"危言"即指正直的话。

"孙"通"逊"，谦逊，恭顺。孔子这句名言的意思是："国家有道的时候，可以说正直的话，做正直的事；国家无道的时候，可以做正直的事，但是说话要谦顺谨慎。"三国时期魏国学者何晏注解说："厉行不随俗，顺言以远害。"北宋学者邢昺进一步注解说："邦有道，可以厉言行；邦无道，则厉其行，不随污俗，顺言辞以避当时之害也。"之所以"危行言孙"，是因为国家无道的时候，如果继续"危言"，就会因言获罪，危及生命，因此要言语谨慎以避祸。

据《汉书·贾捐之传》载，今属海南岛的珠崖郡造反，汉元帝欲发兵征伐，贾捐之上疏反对出兵，这就是历史上著名的《弃珠崖议》。文章一开头，贾捐之就写道："臣幸得遭明盛之朝，蒙危言之策，无忌讳之患，敢昧死竭卷卷。"颜师古注解说："危言，直言也。言出而身危，故云危言。""卷卷"通"拳拳"，拳拳之心，形容诚挚之貌。正因为汉元帝统治时期乃"明盛之朝"，贾捐之才敢口出"危言"，而汉元帝从谏如流，采纳了贾捐之的谏言。

同"危楼"一样，后世的"危言耸听"一词，取的也是"危"的第二层含义，即"危言"的目的是耸人听闻，使人恐惧。这真是一个有趣的语言现象：古时所取的第一层含义，致使"危言"成为一个褒义词，正直的大臣用正直的言论来劝谏国君；而后世所取的第二层含义，却使"危言"变成了一个贬义词。古今字、词的义项取舍之不同，竟会有如此判若云泥的差别，实在是太有趣啦！

这幅画描绘的是东汉光武帝的故事。《后汉书·董宣传》载，董宣为洛阳令时，皇帝的姐姐湖阳公主有家奴白日杀人，然后藏在公主家里，官府捉拿不得。一日公主携此人出行，董宣当路拦车叩马，以刀划地，大言数说公主的过失，喝令其奴下车，亲手击杀之。公主当即回宫告状，光武帝大怒，拿得董宣来要打杀他。董宣叩头曰："陛下圣德中兴，而纵奴杀人，将何以治天下乎？臣不须棰，请自杀。"随即以头撞柱。光武帝强使人按他的头令其叩头道歉，"宣两手据地，终不肯俯"。于是光武帝厚赏董宣，并赐予"强项令"的称号。京师内外，莫不震栗。"强项"即硬脖子，威武不能屈。

董宣在皇帝面前，不仅危言直谏，且危行抗命，宁死不低头，真称得上是一位"硬汉"。

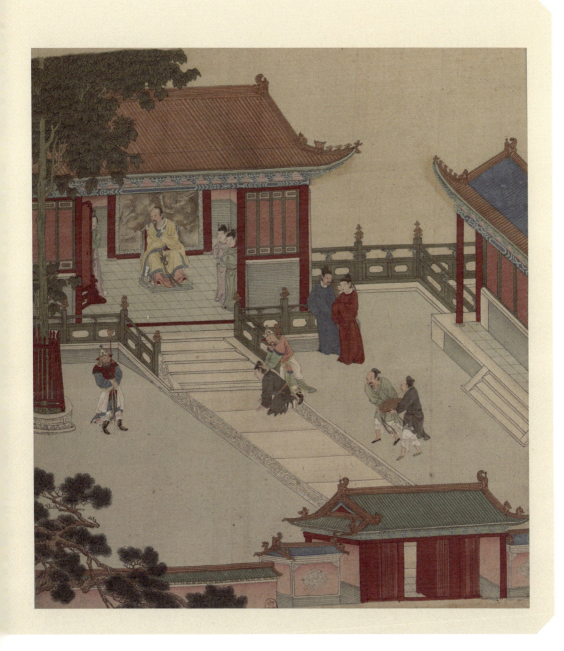

沐浴
是严格的礼仪制度

　　"沐浴"今天的意思就是洗澡，不过古代关于洗澡有许多不同的字眼，区分得非常详细：洗脸叫"靧（huì）"，洗手叫"澡"和"盥（guàn）"，洗脚叫"洗"，洗头叫"沐"，洗身体叫"浴"。这些区分一定不能混淆，否则就是失礼。

　　在古代中国，洗澡可不仅仅是讲究个人卫生的表现，同时还是一种礼仪，凡是上朝谒见、会客、祭祀之前都要先焚香沐浴，以示尊敬和虔诚。"孔子沐浴而朝"，说的是孔子上朝之前一定要沐浴，洗头洗身体。老子也很爱干净，有一次孔子前去拜见老子，老子"新沐"，刚刚洗过头发，正披散着头发，坐着一动不动，等待风把头发吹干，孔子远远望见吓了一跳，还以为是一个枯槁的木头人呢！

　　据《周礼》规定，妻子和丈夫不能共用一间浴室，更不能在一起洗鸳鸯浴；晚辈五天要烧一锅温水给父母洗身体，三天要烧一锅温水给父母洗头，其间如果父母的脸脏了，要烧水给父母"靧"，脚脏了要烧水给父母"洗"。这些都是相当严格的规定，也因此形成了三天一"沐"（洗头）、五天一"浴"（洗身体）的卫生习惯。秦汉时，官员们每五天都要放一天假，称作"休沐"。

　　古人洗澡很风雅，屈原《九歌·云中君》一开头就咏道："浴兰汤兮沐芳。"古人认为兰草可以辟毒，因此要用兰草等香草煮制成兰汤，用来洗头洗身体。南北朝时期仍然保留着用兰汤沐浴的习俗，刘义庆《幽明录》载："庙方四丈，不作墉壁。道广五尺，夹树兰香。斋者煮以沐浴，然后亲祭，所谓'浴兰汤'。"

端午这一天是古代的沐浴节，古人称五月为毒月，因为端午后天气转热，而端午这一天是阳气最盛的一天，所以要蓄药以辟除毒气。《夏小正》说："此日蓄药，以蠲（juān）除毒气。"《大戴礼记》也说："五月五日蓄兰为沐浴。"因此端午节又称"浴兰节"。

《楚辞·渔父》："新沐者必弹冠，新浴者必振衣。"洗干净了头发之后，一定要弹一弹帽子上的灰尘；洗干净身体之后，一定要抖一抖衣服上的灰尘。这都是洗完头、洗完澡后必不可少的程序。

《世说新语·贤媛》中讲了一个有趣的故事："桓车骑不好著新衣。浴后，妇故送新衣与。车骑大怒，催使持去。妇更持还，传语云：'衣不经新，何由而故？'桓公大笑，著之。"

意思是东晋名将、车骑将军桓冲不喜欢穿新衣服，有一次洗完澡，妻子故意给他送来新衣服。桓冲大怒，催仆人把衣服拿走。妻子又让人送回来，传话说："新衣服不穿，怎么能变成旧的呢？"桓冲大笑，这才穿上。"衣不经新，何由而故"从此成为一个著名的典故。

《五节日之五月节》，歌川国贞绘，锦绘木版画，约1835年。

这是一组三联画的中幅，描绘江户时期女子过端午节的习俗（五節句の内 皐月）。"五節句"为日本古时一年中五个节日的总称，"皐月"即五月，清少纳言在《枕草子》中曾赞美说"节日是没有能及五月节的了"。

在日本，端午节又称菖蒲节。为被除污秽，洁净身心，家家采集菖蒲，各处悬挂装饰，尤其女子要洗菖蒲浴，饮菖蒲酒，换上以青色为主的"唐衣"（以花菖蒲和燕子花的汁液染成的布料颜色是被视为"被除邪气之色"的青色）。画中女子刚刚结束了菖蒲浴，衣衫不整，发丝湿润，一手扶着浴室门框，一手拿毛巾擦脚。一个侍女跪在前面为她捧起一大碗"兰汤"。房檐上和浴室内处处可见菖蒲的影子。

时髦
是哪个朝代最早用的

　　大概很多人都认为"时髦"这个词是只有今天才使用的日常用语吧，我要告诉您：完全错误！这是传统文化断裂所造成的误解。到今天为止，"时髦"这个词早已经存在了一千多年了！

　　汉顺帝是东汉第七位皇帝，范晔在《后汉书·孝顺帝纪》中有这样的赞语："孝顺初立，时髦允集。"描述的是汉顺帝初登皇位时，当朝的杰出人物纷纷前来参加登基大典。

　　"时髦"这个词的出现跟古人的发型关系密切。

　　"髦"是幼儿垂在额前的短发。在成年之前，处于儿童期的小孩儿都不束发，头发下垂，故总称"垂髫（tiáo）"。男孩、女孩的区别在于，男孩把垂下来的头发分成两半，各自在头顶上扎成一个结，形状就像羊角，称"总角"，"总"是一总聚拢的意思；女孩则叫"羁"，一纵一横，剪成十字形，就像纵横交错的马络头一样，故称"羁"，这就是所谓"男角女羁"。不管男孩还是女孩，额前都留有短发，这种短发就叫"刘海"。刘海据说是唐代的一位仙童，前额总是垂着短发，十分可爱，久而久之，人们便把额前的短发称为"刘海"，不管男女老少，只要额前留着短发，一律称"刘海"。

　　男孩二十岁要举行冠礼，即男子的成年礼，这时要把头发扎起来，扎成一个髻，戴上帽子，又称"加冠"。这时的男孩称作"弱冠之年"。女孩到了十五岁要举行笄（jī）礼，"笄"就是簪子，把头发盘起来，用簪子绾住，这时的女孩称作"及笄之年"，也表示成年了。因为性别的关系，男孩成年之后，通常不再蓄额前的刘海，女孩则出于妆扮的需要，有的还蓄着刘海，这种刘海也叫"髦"。

"髦"其实就是胎发，从娘胎里带来的，一直没剪，因此"髦"最长，于是就把毛发中最长的那些叫作"髦"，进一步引申为人中俊杰。此即《尔雅·释言》所说："髦，俊也。"郭璞注解说："士中之俊，如毛中之髦。"邢昺进一步解释说："毛中之长毫曰髦，士之俊选者借譬为名焉。"

这就是"时髦"一词的由来。后人加以引申，从一时的俊杰又引申出新颖趋时、时尚之意，那就是顺理成章、水到渠成的事情了。

刘海蟾，名操，字宗成，又字昭元、昭远，道号海蟾子，传说为五代十国时期广阳人。他年少登科，官居相位，受正阳子点化，遁迹于终南山下，后得道飞升，被道教全真派奉为"五祖"之一。最初他在绘画中多以蓬头跣足的中年男子形象出现，到了明代中期以后，与种种民间传说交织在一起，形象多被塑造成嬉笑的孩童。因"刘海戏金蟾"的故事，民间多称他为"刘海"。

此画中刘海仍是中年男子形象，蓬发垂鬓，赤足立于海浪之上。他一手执仙桃，一手托三足金蟾，五官线条硬朗，眼睛黑白分明，衣襟飘逸奔放。传说中，他手上的三足金蟾走一步就能吐一枚铜钱，他走到哪儿就把钱撒到哪儿，周济穷人，因而也被视为财神。

传说刘海蟾喜将头发披散额前，长度齐眉，故称此种头发为"刘海"，后来为了加以区别，改称"浏海"。又据说该发式在唐朝武则天时期就流行了，而这个引领"时髦"之人就是上官婉儿。

步骤
原来是指由慢走到快跑

　　"步骤"一词，今天最常用的义项是事情进行的程序、次第，不过在古代，"步"和"骤"分别指慢走和快跑，而且还用于对政事的比喻。

　　"步骤"一词出自《荀子·礼论》："故君子上致其隆，下尽其杀，而中处其中。步骤、驰骋、厉骛不外是矣。是君子之坛宇宫廷也。"

　　隆，隆重；杀，简省；骛（wù），奔驰。这段话的意思是，因此君子对隆重的礼仪就要极尽其隆重，对简省的礼仪就要极尽其简省，对适中的礼仪就要作适中的处置。慢走和快跑、纵马驰骋、剧烈奔驰都越不出这个范畴。这就是君子活动的范围。

　　据《后汉书·曹褒传》载，汉章帝所下的诏书中有"三五步骤，优劣殊轨"之句。什么叫"三五步骤"？李贤在所作的注中引《孝经钩命决》说："三皇步，五帝骤，三王驰。"宋均注解说："步谓德隆道用，日月为步；时事弥顺，日月亦骤；勤思不已，日月乃驰。"

　　这段话讲的是随着历史的发展，人类的物质欲和占有欲越来越强烈，纯真本性渐渐丧失的过程。三皇时期，德行与自然相和谐，日月就走得慢；五帝时期，时事越发顺利繁杂，日月就走得快；夏、商、周三代时期，为繁杂的政事勤苦思考，日月就走得更快，以至于疾行。

所谓"三五步骤",即指三皇的"步"和五帝的"骤",其政事之优劣显而易见。

纬书又对"三皇步,五帝骤,三王驰"加以补充:"五霸蹶,七雄僵。"春秋五霸奔驰得更快,竟至于跌倒;战国七雄则因奔驰得太快,竟至于仰面向后倒下。

据明代学者杨慎在《丹铅杂录》中的记载,南宋理学家陆九渊还有更有趣的说法:"三皇垂策,五帝繁手,禹汤驰辕,五霸覂(fěng)驾,六国摧辀(zhōu)。"三皇垂下马鞭子,代表无为而治;五帝治理政事的手法十分繁杂;夏禹和商汤驾辕奔驰;覂,覆,春秋五霸跑得更快以至于翻车;辀,车辕,六国时期跑得更快以至于连车辕都折断了。

古人讲究无一字无来历,即使比喻治理国家的政事也这么有趣,可惜今天的"步骤"一词,虽然还有循序渐进的含义,但是"步"的慢走和"骤"的不奔驰而快跑的义项都体现不出来了。

《高轮海岸美人散步》，鸟文斋荣之绘，锦绘木版画，1797 年。

鸟文斋荣之（1756—1829），又称细田荣之，是江户时代后期的浮世绘师，出身于高级武士，原名细田时富，活跃于 19 世纪仁孝天皇时期。最初师从狩野典信，继承老师的画号"荣川院"，自号"荣之"，后师从文龙斋，从天明时代后期开始创作浮世绘，受鸟居清长的影响，以"十二头身"优雅颀长的全身美人画作品广受欢迎。

这幅作品是鸟文斋荣之典型的美人画。应是夏季的傍晚，两个身穿轻薄夏衫的美人相伴在海边漫步。一人撑伞，一人把弄折扇。海风吹拂她们的裙裾，显得优雅飘逸。她们一边款款而行，一边低语浅笑，像是在度过一天中最悠然自在的时光。

高轮在那个时代属于江户郊区，一派怡然的郊野风光。不过 1872 年日本第一条铁路建造之际修建了"高轮筑堤"，在高轮海的浅滩填土筑坝，列车就从上面呼啸而过。从前慢，后来都在时代的裹挟中快走疾跑，驱驰不已。

身怀六甲
为何表示怀孕

　　"身怀六甲"表示女人怀孕，但六甲到底是什么东西？六甲又如何跟怀孕扯上关系？所有的辞典和语言学家都没有解释清楚。更多的都是根据传说，比如说甲子、甲戌、甲申、甲午、甲辰、甲寅，这六个甲日是上天创造万物的日子，也是妇女最容易受孕的日子，故称女子怀孕为"身怀六甲"。比如说六甲六丁神，六甲是阳神，六丁是阴神，六甲六丁刚好是阳一半阴一半，在一些中国人的观念中，最好生一个男孩子，故称"身怀六甲"。

　　这些说法都缺乏文献支持，只能视作传说或口耳相传的附会之言。真正的解读应该从文字学入手。

　　《隋书·经籍志》将以下几种书列为一类：《六甲贯胎书》《产乳书》《产经》《推产妇何时产法》《推产法》《杂产书》《生产符仪》《产图》《杂产图》。这几种书都跟妇女生产有关，因此也是文献中第一次将六甲与怀孕联系起来的记载。

　　破解"身怀六甲"的要害就在于《六甲贯胎书》这个书名。

　　先说"六甲"。十天干和十二地支相配计算时日，其中由"甲"领起的六种配合，依次为：甲子、甲戌、甲申、甲午、甲辰、甲寅。在《六甲贯胎书》这个书名中，"六甲"用以计日，"六甲"循环完毕一圈为六十天，也就是整整两个月的时间。

再说"贯"。《说文解字》："贯，钱贝之贯也。"指穿钱的绳子，引申为贯通、连续。

最后说"胎"。《说文解字》："胎，妇孕三月也。"古人认为怀孕三月才成胎。

那么，所谓"六甲贯胎"，就是说从两个月连贯到成胎的三个月时间。《六甲贯胎书》虽然已经失传，但是从字义上来看，毫无疑问是讲从可以诊断出的两个月怀孕时间，到成胎的三个月时间内，如何判别、保养，因此列在讲述生产、哺乳的方法之前。

明末文学家冯梦龙所著《东周列国志》第二回《褒人赎罪献美女 幽王烽火戏诸侯》，描述太子痛打周幽王的宠妃褒姒，褒姒向周幽王哭诉道："太子为母报怨，其意不杀妾不止。妾一身死不足惜，但自蒙爱幸，身怀六甲，已两月矣。妾之一命，即二命也。求王放妾出宫，保全母子二命。""身怀六甲，已两月矣"正好是六十天。

"身怀六甲"一词即由此而来。最初的时候，它寄寓着刚诊断出怀孕的女人盼望着成胎、贯胎的焦急心情和美好祝愿，后来才泛指女人怀孕。至此，无数人为之百思不得其解、从来没有权威解释的"身怀六甲"的称谓之谜，彻底得以破解。

　　此幅画描绘的是著名的"烽火戏诸侯"的故事。周幽王宠爱褒姒，废去原来的王后与太子，立褒姒为后，立其子伯服为太子。但褒姒虽篡位正宫，有专席之宠，却从未开颜一笑。幽王出令"不拘宫内宫外，有能致褒后一笑者，赏赐千金"。虢石父献计于骊山"夜举烽烟，诸侯援兵必至，至而无寇，王后必笑无疑矣"。于是幽王同褒后并驾往骊山游玩，至晚设宴骊宫，传令举烽。一时鼓声如雷，火光烛天。畿内诸侯果然连夜领兵赶至骊山，不见兵戈，但闻楼阁欢宴之音，只得面面相觑，卷旗而归。褒妃在楼上，凭栏望见诸侯忙去忙回，并无一事，不觉抚掌大笑。

　　褒姒的身世颇有神话色彩。据说是夏朝的龙涎化为玄鼋，遇十一二岁宫女，宫女感而怀孕，四十年后方生下一女，即褒姒。四十年孕期，不知要算多少个"六甲"！

妖孽
本来不是形容女色

　　"妖孽"这个称谓，如今是比喻邪恶的人，尤其比喻女色。一提起"妖孽"，一些男人的眼前立刻就会浮现出一位艳丽而妖冶的女子的模样，这是男权社会所产生的男性性心理的潜移默化。但是在古代，"妖孽"最初却不能用来形容人。

　　《礼记·中庸》篇中有一句著名的话："国家将兴，必有祯祥；国家将亡，必有妖孽。"孔颖达注解说："祯祥，吉之萌兆。祥，善也。言国家之将兴，必先有嘉庆善祥也。"但"祯"和"祥"还是有细微的区别："国本有今异曰祯，本无今有曰祥。何为本有今异者？何胤云：'国本有雀，今有赤雀来，是祯也；国本无凤，今有凤来，是祥也。'"其义甚明。

　　与之相反，"妖孽，谓凶恶之萌兆也"。不过，"妖"和"孽"的区别非常之大。先说"妖"。《左传·宣公十五年》中说："天反时为灾，地反物为妖，民反德为乱，乱则妖灾生。"所谓"地反物为妖"，是指人间反常怪异的事物或现象，比如《汉书·五行志》记载有草妖、鼓妖、夜妖、诗妖，这些都不是今天理解的妖怪，而是指反常怪异的现象：草妖指"阴霜不杀草"，降下的霜不能使草枯死；鼓妖指声响巨大如同击鼓的怪异之声；夜妖指"云风并起而杳冥"，令白昼如同黑夜的大风、地震之灾异；诗妖指"怨谤之气发于歌谣"。

再说"孽"。《说文解字》："孽，庶子也。"庶出之子、妾所生的儿子叫"孽"。段玉裁进一步解释说："凡木萌旁出皆曰蘖，人之支子曰孽，其义略同。""妖"和"孽"的区别，许慎则解释得更加清晰："衣服、歌谣、草木之怪，谓之妖；禽兽、虫蝗之怪，谓之孽。"由此可见，"妖"和"孽"都不是用来形容人的，而且还有一点值得注意，作为"庶子"的"孽"竟然跟"禽兽、虫蝗之怪"相提并论，庶子地位之低，真是令人叹息。

这就是"妖孽"一词的本义，至于将这个词用来形容人则已经是唐代之后的事情了。元稹所作《莺莺传》传奇，借张生之口无耻地说："予之德不足以胜妖孽。"直把"始乱终弃"之后的崔莺莺视作"妖孽"，遂开后世以"妖孽"比喻女色的先河。

　　土佐光信（1434—1525），日本土佐派重要画家。他是朝廷供养的御用画师，作品包括画卷、佛教绘画和肖像画。他开辟了"洛中洛外图"绘画套路，用于描绘京都及周边地区。由他确立的土佐画派，与狩野派形成日本画的两大流派。他也是日本妖怪画的开山宗师，对后世妖怪画有极大影响。

　　"百鬼夜行绘卷"是一种日本妖怪绘卷物，以京都大德寺真珠庵所藏的室町时代绘卷最为著名。此本传为土佐光信所绘，但无确证。绘卷中描绘了很多"付丧神"，即器物妖怪，如武器妖怪、乐器妖怪等。日本人认为，年深月久，器物中会有灵寄生，化而为妖。如果不珍惜器物，那些被丢弃的旧锅、旧伞、旧琵琶等，就会幻化成各种各样的妖怪半夜出游，来报复使用器物的人。除了器物之妖，后来江户时代的百鬼图也加入了草木鸟兽之妖。在这些画卷中，妖怪们并不可怕，而是充满戏谑意味。

《百鬼夜行绘卷》（局部），（传）土佐光信绘，纸本设色长卷，室町时代，日本京都市大德寺真珠庵藏。

村气
原来是唐太宗调侃驸马之语

　　"村气"是使用率很高的日常俗语，形容一个人土气、俗气，甚至还包括一点儿憨气。与之用法相同的俗语还有"村里村气"，都是形容粗俗的气质。这个"村"指的就是农村，不过，"村"这个字出现得很晚。

　　南宋学者程大昌所著《演繁露续集》卷四中有"村"一条，对"村"字的来源有详细的记载："古无'村'名，今之'村'即古之鄙野也。凡地在国中、邑中，则名之为'都'，都，美也，言其人物衣制皆雅丽也，凡言美者曰'都'，曰子都、都人士、车骑甚都是也；及在郊外，则名之为'野'，为'鄙'，言其朴拙无文也，曰'鄙'者，如列子自谓'郑之鄙人'是也。故古语谓美好为'都'，贫陋为'鄙'，本此为义也。隋世已有'村'名，唐令在田野者为'村'，别置村正一人，则'村'之为义著矣。故世之鄙陋者，人因以'村'名之。东坡诗王定国曰：'连车载酒来，不饮外酒嫌其村。'"

　　程大昌这段话讲得脉络清晰："都（dū）"的本义指有宗庙或先君的神主之城，引申而指国都，国都中居住的都是贵族和官员，衣饰鲜丽，因此"都"又引申为美好之貌，比如春秋第一美男子就字子都，《都人士》则是《诗经·小雅》中的一首诗，描写京都中的人士衣着华丽，佩饰精美；郊外则称"野"、称"鄙"，隋代开始称"村"，村气、村里村气的俗语即由此而来。

唐人刘餗（sù）所著《隋唐嘉话》记载了唐太宗李世民的一则趣事："薛万彻尚丹阳公主，太宗尝谓人曰：'薛驸马村气。'主羞之，不与同席数月。帝闻而大笑，置酒召对，握槊，赌所佩刀子，佯为不胜，解刀以佩之。罢酒，主悦甚，薛未及就马，遽召同载而还，重之逾于旧。"

丹阳公主是唐太宗的妹妹，薛万彻则是一员将军，《新唐书》形容他"蠢甚"。看来薛万彻不仅仅是赳赳武夫，还极为土气、俗气，因此唐太宗才评价他"村气"，以至于丹阳公主羞于和他同席而食。正因为隋唐时期开始称呼农村为"村"，才会相应地产生"村气"这样的俚语，唐太宗也才会拿来为己所用。

最有趣的是，明末清初的通俗小说《醒世姻缘传》独创了"村气射人"一词，联想到今天的一些暴发户，有了钱之后，镶金牙，手指上戴满大钻戒，虽然显得富贵无比，但仍然让人觉得"村气射人"，无乃太形象乎！

《农村嫁女图》（局部），元代佚名绘，绢本浅设色长卷，北京故宫博物院藏。

　　此卷原名《瘤女图》，后更名为《农村嫁女图》。全卷绘大小人物 37 人，疏密错落，形成四个段落。这部分为卷首一段，以一位骑牛妇人为中心。妇人衣着朴素，头罩面纱，似乎正在说什么，周围的人都将目光转向她。旁边那位骑驴的中年男子应该是她的丈夫，着乌巾和圆领袍，拿一把团扇，方头大耳，八字眉，凸鼻孔，显得面貌粗鄙，不过看上去对妻子很是关切。他和众仆人一样都穿着草鞋。看这一行人的装扮，大概是农村中稍有些家底的富户。

　　整幅画卷的内容是否为农村嫁女还有待商榷，这位骑牛妇人也不似新娘形象。有人推测此卷描绘的可能是民间出嫁女子回乡省亲的场面。画面以水墨为主，人物全用颤笔描，略施淡赭色，面目刻画简率。所有人物都显得"村里村气"，生动展开了一段宋元时期农村的生活场景。

兵谏
"兵"原来指兵器

　　1936年，张学良和杨虎城发动"西安事变"，史书中都称之为"兵谏"，张、杨二人带领军队捉拿蒋介石，这里的"兵"即指军队。不过，自有"兵谏"一词以来，"兵"均指具体的兵器。

　　据《左传·庄公十九年》载："初，鬻拳强谏楚子，楚子弗从，临之以兵，惧而从之。鬻拳曰：'吾惧君以兵，罪莫大焉。'遂自刖也。楚人以为大阍，谓之大伯，使其后掌之。君子曰：'鬻拳可谓爱君矣，谏以自纳于刑，刑犹不忘纳君于善。'"

　　这一段讲的是因某事，鬻（yù）拳对楚文王实行"兵谏"的后果。"刖（yuè）"是断足之刑，"阍（hūn）"是守门人，"大阍"即负责守卫城门之官。鬻拳虽然对楚文王"兵谏"成功，却认为自己拿着兵器威胁国君属于大罪，于是自断双足，这就是君子评价的"谏以自纳于刑"。而楚人则感念鬻拳的行为，就让他的家族世世代代担任"大阍"之职。这一年楚文王和巴人开战，大败而归，鬻拳拒绝打开城门放国君进城，楚文王只好继续前去征伐黄国，最终死在外面。鬻拳亲自安葬了楚文王之后，亦自杀身亡，这就是君子评价的"刑犹不忘纳君于善"。

　　东晋学者范宁在《春秋谷梁传集解序》中总结道："《左氏》

以鬻拳兵谏为爱君。"此即"兵谏"一词的出处，毫无疑问，"兵"指鬻拳"临之以兵"，手持的兵器。

另据《资治通鉴》记载，五代十国时期南吴君主杨渥继位后，任用亲信，排斥旧臣，左右亲兵指挥使张颢和徐温"帅牙兵二百，露刃直入庭中，渥曰：'尔果欲杀我邪？'对曰：'非敢然也，欲诛王左右乱政者耳！'因数渥亲信十余人之罪，曳下，以铁檛击杀之，谓之'兵谏'"。

"牙兵"即亲兵，"铁檛（zhuā）"即铁杖，此处"兵谏"之"兵"即指铁檛。宋元间史学家胡三省评价说："张颢、徐温以兵谏自文，鬻拳之罪人也。"意思是张颢和徐温之所以自称"兵谏"，乃是仿照鬻拳"吾惧君以兵，罪莫大焉"的自责，不过鬻拳因自责而自断双足，此二人却最终杀了杨渥。

这就是"兵谏"一词的语源和演变，"兵"从来都是指具体的兵器。冷兵器时代结束之后，大概枪炮太易于走火伤人，不符合"谏"的本义（是啊，如果把人都杀死了，还"谏"什么呀），因此"兵谏"之"兵"才一变而为军队之意。

　　此卷旧传为唐代阎立本所绘，技法高超，设色古淡，运笔如屈铁丝，人物动作神情刻画入微。画中表现的是十六国时汉赵廷尉陈元达向荒淫残暴的匈奴皇帝刘聪冒死进谏的故事。公元313年，刘聪立贵嫔刘娥为皇后，命人为她修建宏丽的凰仪殿。陈元达以此事奢侈而劝阻。刘聪大怒，命将士将其拖走，全家枭首东市。陈元达把自己锁在树上，依然抗命直谏。幸亏刘皇后密敕左右停刑，亲自赶来求情，陈元达才得免一死。

　　这一段画面上，陈元达双手持笏，紧抱树干，嘶喊着进谏之言。两个彪形大汉在后面奋力拉扯，试图解开锁链。另有两名官员满脸焦急，伏地求情。画面构图精妙，气氛紧张，人物动感鲜明。

　　陈元达为官清廉忠简，屡次进谏。刘聪后期，朝政紊乱，陈元达忧虑而死。

穷鬼
原来并不穷

　　"穷鬼"如今多用作詈词，骂人贫穷谓之"穷鬼"，而且中国民间还有"送穷鬼"的习俗，日期不一。

　　唐代诗人姚合有《晦日送穷》诗："年年到此日，沥酒拜街中。万户千门看，无人不送穷。"唐末五代时人韩鄂在《岁华纪丽》一书中记载："孟春晦日，酺聚行乐，送穷。"孟春晦日指正月的最后一天，"酺（pú）"指国君特赐臣民聚会大饮酒。据此则唐代时"送穷"日在正月的最后一天。

　　南宋陈元靓编撰的《岁时广记》引《图经》："池阳风俗，以正月二十九日为穷九日，扫除屋室尘秽，投之水中，谓之送穷。"据此则正月二十九日为"送穷"日。

　　《岁时广记》又引北宋吕原明所著《岁时杂记》："人日前一日，扫聚粪帚，人未行时，以煎饼七枚覆其上，弃之通衢以送穷。""人日"是正月初七，那么据此则正月初六为"送穷"日。

　　清人顾禄所著《清嘉录》载："《远平志》：正月三日，人多扫积尘于箕，并加敝帚，委诸歧路以送穷。"据此则清代时正月三日为"送穷"日。

　　韩愈在著名的《送穷文》中"三揖穷鬼而告之"，那么这些"送穷"日送的这位穷鬼到底有无其人？如果有的话，他到底真的穷吗？

　　原来，"穷鬼"真的实有其人，而且并不是真的穷。《荆楚岁时记》杜公瞻注引《金谷园记》："'高阳氏子瘦约，好衣敝食糜，人作新衣与之，即裂破，以火烧穿着之，宫中号曰穷子，正月晦日巷死。'今人作糜弃破衣，是日祀于巷，曰送穷鬼。"

　　"糜"是粥。高阳氏即传说中的五帝之一的颛顼，既为帝王之子，怎么可能穷呢？看来穿破衣、食粥仅仅是此子的爱好，而宫人就此称其为"穷子"，他在正月的最后一天死于巷中。"送穷鬼"的风俗即由此而来。穷鬼乃是帝王之子，因此明清时期又称"穷鬼"为"穷神"。

《芳年存画》之一，月冈芳年绘，锦绘木版画，1884年，日本国立国会图书馆藏。

　　月冈芳年擅画鬼怪，构图大胆，画风独特，以血腥的"无惨绘"著称。这是一套题为"芳年存画"的三联画中的一幅，描绘的是被称为"贫乏神"的邪鬼穷鬼。在日本，贫乏神又称贫穷神，是日本民间传说中使人家道中落、导致贫穷的神祇。他的形象通常是一个瘦弱肮脏、愁容满面的老者，衣衫褴褛，手拿一把撕裂的破团扇，据说潜入人家中时喜欢躲在壁橱里。日本民间也有类似中国"送穷神"的习俗。有的地方，居民会在除夕（日本称作"大晦日"）之夜围炉烧火，赶跑怕热的穷神，迎接福神的到来。

　　据江户时代作家井原西鹤所著《日本永代藏》记载，贫穷神也可以化穷为福。据说在某神社里祈愿后将贫穷神暂时请回家中安座，在满愿后第21天隆重地祭祀后送走，就能和贫穷一刀两断呢。

弃市
本来不是指死刑

　　"弃市"乃古代刑罚之一种，今天当然已经不再使用，不过这个词在古书中出现的频率非常高，因此有必要讲解一下这种刑罚的来龙去脉。

　　今天的各种辞典无一例外都把"弃市"称作死刑，比如中国台湾《重编国语辞典修订本》的释义为："古代于闹市执行死刑，并将尸体弃置街头示众。"这一解释固然不错，却并不是"弃市"的本义。

　　据《周礼》记载，周代有"掌戮"一职，顾名思义，就是掌管刑罚、杀戮的官员。"掌戮"的职责之一是："凡杀人者，踣诸市，肆之三日。""踣（bó）"是向前仆倒的意思，形容犯人被执行死刑时的状态；"肆"是陈列的意思。凡是杀人犯，都要在街市之中执行死刑，然后将尸体陈列三天。这样做当然是为了起震慑作用。此乃杀人于市并曝尸三日的传统，但并非就是指"弃市"。

　　各种辞典都把"弃市"的语源归于《礼记·王制》，那么我们就来看看这一篇中的原文："刑人于市，与众弃之。是故公家不畜刑人，大夫弗养，士遇之涂弗与言也。屏之四方，唯其所之，不及以政，亦弗故生也。"

"刑人于市，与众弃之"，是为"弃市"一词的出处，意思是在街市之中对犯人用刑，然后大家都抛弃他。但各种辞典引用这一条目时却都忘了后面的一段话，这段话是对"弃"的详细规定。到底怎样才算抛弃受刑的犯人呢？"公家"指天子、诸侯之家，天子、诸侯之家不得蓄养受刑之人，大夫之家也不得育养，士在途中遇到受刑之人，不得跟他说话。将他流放到四方政令教化所达不到的化外之地，任凭他去哪儿，也不用赋役等政令约束他。这样做的目的是不让他生存下来，自生自灭。

这才是"弃市"的本义："市"指"刑人于市"；"弃"指"与众弃之"，把受刑之人流放驱逐。

不过此属"殷法"，即殷商时代的法令不允许蓄养刑人，而周代则开始允许蓄养刑人，因此"掌戮"的职责还有："墨者使守门，劓者使守关，宫者使守内，刖者使守囿，髡者使守积。""墨"指墨刑，刻面涂墨，作为惩罚的标记，用墨刑之人把守宫门；"劓（yì）"指割鼻的劓刑，用劓刑之人把守关门；"宫"指阉割的宫刑，用宫刑之人在宫内担任宦官；"刖（yuè）"指断足的刖刑，用刖刑之人管理养禽兽的园林，不用急速奔跑；"髡（kūn）"指剃发的髡刑，属于王族犯人的轻刑，用他们管理积贮钱物的仓库。

从秦代开始，"弃市"之刑不再将犯人流放驱逐，而成为死刑的代名词。据《史记·秦始皇本纪》载：丞相李斯建议秦始皇烧书，"有敢偶语诗书者弃市，以古非今者族"，将"弃市"与灭族对举，可见是死刑无疑。秦律严苛，这也是一个旁证，不复有商、周时期相对温和的"弃市"流放之刑了。

《汉书·景帝纪》载："改磔曰弃市，勿复磔。"这是汉景帝中元二年（前148）的事。"磔（zhé）"即车裂之刑，也就是俗话说的"五马分尸"。应劭注解说:"先此诸死刑皆磔于市,今改曰弃市,自非妖逆不复磔也。"颜师古注解说:"弃市,杀之于市也。"汉承秦律,"弃市"也属死刑。

　　这就是"弃市"一词的演变过程,从流放驱逐到死刑,深刻地展示了法律渐渐变得严酷的历史事实。

《新镌全像孙庞斗志演义》第二十回插图『践誓分尸走马陵』，吴门啸客述，明崇祯时期刊本。

《孙庞斗志演义》又名《孙庞演义》《前七国孙庞演义》，是明末清初一部章回体小说，题作吴门啸客述，作者生平不详。该书共二十回，以史实为点缀，杂以神魔灵怪，叙述战国时期孙膑、庞涓斗智的故事。此为明崇祯时期刊本，书前有版画二十幅，项南洲刻。项南洲，字仲华，武林（今浙江杭州）人，崇祯年间著名刻工。

庞涓与孙膑原是同学，都在鬼谷先生门下学艺。庞涓嫉贤妒能，陷害孙膑，斩其足，黥其颜。孙膑逃至齐国，矢志复仇，后来于马陵之战生擒了庞涓。孙膑借魏地毛头滩会齐各国诸侯，"请看加刀于庞涓之颈"。孙膑等人当众数说庞涓之恶行，诸人各报旧仇，斩杀庞涓，七国分其尸，悬诸国门之外。不过插图是马陵之战庞涓走到绝境的情节，不曾描绘分尸场景。

孙膑处决庞涓，虽非刑于闹市，却是当着天下诸侯，众目睽睽之下，将其恶行公诸于世，并由众人一同行刑，最后分尸而曝之国门，可谓最高级别的"弃市"了。

招魂
既招生者之魂也招死者之魂

　　一般人都以为在中国流行两千多年的"招魂"仪式乃是招死者之魂，这是一种错误的理解。"招魂"之礼所招的，既包括死者之魂，也包括生者之魂。

　　先来讲招死者之魂。"招魂"是古代丧礼仪式之一，又称"招复"。《仪礼·士丧礼》中详细描述了这一细节："复者一人，以爵弁服，簪裳于衣，左何之，扱领于带，升自前东荣、中屋，北面招以衣，曰：'皋某复。'三，降衣于前。受用箧，升自阼阶，以衣尸。复者降自后西荣。"

　　郑玄注解说："复者，有司招魂复魄也。"所谓"招复"，即指"招魂复魄"。

　　"爵弁服"指丝衣和浅红色的衣裳，招魂者所穿；"簪裳于衣"一句中，簪，意为连，将下衣的"裳"和上衣连在一起，取其便利；"何"通"荷"，意为负荷；"扱"通"插"，"左何之，扱领于带"，意为招复者用左肩穿上爵弁服，再将爵弁服的领子插在衣带上加以固定；东荣为正房东边的廊檐；"皋"通"嗥"，意为呼号；"受"指接衣服的人，箧（qiè）为衣箱，阼（zuò）阶为东阶。

　　据此，则"招复"的完整仪式是：一位着爵弁服的招魂者，将上衣和下裳的左边连缀在一起，再将衣领插在衣带上固定住，然后登上东屋的屋檐，站在屋脊的中央，面向北，用死者的衣服招魂，喊道："哎！某人回来！"如果死者为男，要喊他的名；如果死者为女，要喊她的字。连续呼喊三次，然后将衣服从前面扔下去，下面有一个人用衣箱接住衣服，从东边的台阶上堂，用这件衣服盖住死者的尸体。招魂的人再从西屋屋檐的北边下来。

"招复"仪式之后，如果死者没有醒来，那么表示死者已经永逝，由此才开始进入真正的丧礼阶段。

再来讲招生者之魂。《说文解字》："魂，阳气也。""魄，阴神也。""魂"既为阳气，当然就可以招回来。《楚辞》中有《招魂》的诗篇，东汉学者王逸认为乃宋玉所作，"宋玉怜哀屈原，忠而斥弃，愁懑山泽，魂魄放佚，厥命将落，故作《招魂》，欲以复其精神，延其年寿。外陈四方之恶，内崇楚国之美，以讽谏怀王，冀其觉悟而还之也"。那么，宋玉所招的就是屈原的生魂。

朱熹在《楚辞集注》中也说："古人招魂之礼，不专施于死者。公诗如'剪纸招我魂''老魂招不得''南方实有未招魂'，与此诗'魂招不来归故乡'，皆招生时之魂也。"朱熹所引的这几句诗都是杜甫所写，可见"招魂"也可指招生者之魂。今天许多地方（尤其是中国农村）还有为魂丢了的小孩子招魂的习俗，其来久远。

《补绘离骚图册》下册『招魂图其一』，明末清初萧云从原画，清代门应兆摹绘并补图，乾隆四十七年（1782）绘本，台北故宫博物院藏。

萧云从（1596—1673），字尺木，号默思、无闷道人、钟山老人等，安徽芜湖人，明末清初画家。《离骚图》是其人物画代表作，师李公麟白描技法，造型准确，神态生动，后人临摹者众多。

门应兆（一作应诏），字吉占，清代正黄旗汉军人。乾隆时充任四库馆绘图分校官。善界画楼阁、人物、花卉，兼及写真。因萧云从《离骚图》中《楚辞》内容阙佚不全，乾隆帝命门应兆补绘完善。门应兆补绘了包含《招魂》十三图在内的九十一图，与萧氏六十四幅原图合而为一套，共一百五十五图。

《招魂》是《楚辞》中较为特别的作品，历来存在诸多争议。一说为屈原所作，分别有招楚怀王魂和屈原自招两种说法；一说作者为宋玉，因哀怜屈原"魂魄放佚"，作此以招其生魂。"招魂"的形式来自民间，包含序引、招魂辞、乱辞三部分。此幅对应的是序引和第一段招魂辞，巫阳（传说中的女巫）深情呼唤："魂兮归来！去君之恒干，何为四方些？舍君之乐处，而离彼不祥些。"画中神女招引之魂有二，一似屈原，一似楚怀王，看来作者是将两种说法综合起来描绘了。

败绩
为何形容军队溃败

　　"败绩"是一个直到今天还在使用的书面用语，形容军队溃败，或者引申而形容事业失利。"败"容易理解，失败；"绩"是什么意思？这两个字组合在一起，为什么可以表示这样的意思呢？

　　《尚书·汤誓》中载："夏师败绩，汤遂从之。"孔安国注解说："大崩曰败绩。"

　　鉴于《尚书》的真伪历来存在争议，还是来看看《左传·庄公十一年》中的记载："凡师，敌未陈曰败某师，皆陈曰战，大崩曰败绩，得儁曰克，覆而败之曰取某师，京师败曰王师败绩于某。"

　　古人讲究无一字无来历，在战争胜败的称呼上也可见一斑。

　　"敌未陈曰败某师"，"陈"通"阵"，杜预注解说："通谓设权谲变诈以胜敌，彼我不得成列，成列而不得用，故以'未陈'独败为文。"敌军还没有摆好阵势就趁机击败敌军称作"败某师"。不过也有例外，杨伯峻先生说："长勺之战，齐人三鼓，则已阵矣，而《经》仍书曰'败齐师'。"

　　"皆陈曰战"，杜预注解说："坚而有备，各得其所，成败决于志力者也。"两军都摆好了阵势开始战斗称作"战"。不过也有例外，杨伯峻先生举晋、秦令狐之战，晋军"潜师夜起"，"则晋之所以胜者，在夜间偷袭耳，秦师未阵可知，而《经》亦书'战'"。

"大崩曰败绩"，杜预注解说："师徒桡（ráo）败，若沮岸崩山，丧其功绩，故曰败绩。"孔颖达进一步解释说："沮岸，谓河岸崩也。师旅大败，似岸崩、山崩也。绩训为功，丧其功绩，故曰败绩。"说得很清楚，军队溃败，就像河岸和高山崩塌，丧失了一切功绩，故称"败绩"。不过仍有例外，晋、楚著名的鄢陵之战，楚军受挫，但并未"大崩"，而且还准备次日再战，但《春秋经》却说"楚子、郑师败绩"。

"得儁曰克"，"儁"通"俊"，孔颖达注解说："战胜其师，获得其军内之雄儁者，故云'得儁曰克'。"《左传》中只有一例称"克"，即著名的"郑伯克段于鄢"，郑伯在鄢这个地方打败了他的弟弟共叔段。孔颖达解释说："既非敌国相伐，又非君之讨臣，而于战陈之例别立此名。"杜预则说兄弟二人就像两位国君争位一样，故用"克"。

"覆而败之曰取某师"，杜预注解说："覆，谓威力兼备，若罗网所掩覆，一军皆见擒制，故以'取'为文。"孔颖达解释说："取谓尽取，无遗漏之意也。"所谓"取某师"，意为设埋伏而将敌军一网打尽，无一遗漏。这是区别于"敌未陈曰败某师"之处。

"京师败曰王师败绩于某"，是指周天子打了败仗，"京师""王师"都指周天子的军队而言。《左传·成公元年》中有"王师败绩于茅戎"的记载。周天子打败仗，《左传》中唯此一例。

《新镌陈眉公先生批评春秋列国志传》插图『吴兵五战拔荆州』，明代余邵鱼撰，陈眉公批评，万历四十三年（1615）姑苏龚绍山刊本。

　　《列国志传》虽自称取法《春秋》，记事据实录，其中也收录了不少民间传说故事。

　　这幅插图对应的是该书卷八之"吴兵五战拔荆州"。此回讲述的其实是春秋末期有名的"柏举之战"。公元前506年，吴王阖闾亲自挂帅，以孙武、伍子胥为大将，阖闾的胞弟夫概为先锋，倾全国三万水陆之师，深入楚国，在柏举（今湖北省麻城市境内，一说湖北汉川北）击败楚军二十万主力，继而占领楚都。画面上是吴军最后攻破楚国都城郢都（在今湖北省荆州市）的情景。此战楚昭王带领亲信逃走，楚军惨败溃散，如土崩瓦解，称得上是"败绩"。后来楚国虽然复了国，但元气大伤，从此一蹶不振。

薪水
为何代指工资

即使是今天的人们，也常常用"薪水"一词代指工资。很多人不明白这个称谓，工资就是工资，跟柴和水有什么关系？原来，这个称谓跟古代的俸禄制度密切相关。

"薪水"一词出现得很早，但最初的意思就是这个词的字面意思，即柴和水。柴和水是人们的日常必需品，打柴、汲水又是人们的日常劳作，这就埋下了后世用"薪水"代指工资的伏笔。

《宋史·职官志》详细记录了当时的俸禄制度，其中有"薪、蒿、炭、盐诸物之给"，宰相和枢密使最高，"月给薪千二百束"，"岁给炭自十月至正月二百秤，余月一百秤"。另外，还有匹帛、禄粟、衣粮、茶、酒、厨料等五花八门的生活用品，统统纳入俸禄的范畴。宋代官员的俸禄之高，由此可见一斑。

清代初年的俸禄制度化繁为简，据俞樾《茶香室丛钞》记载："国朝查慎行《人海记》云：'本朝初年，满洲官员支俸不支薪，汉官则薪俸并支，薪侈于俸，如四品官季给薪三十金，俸才二十金。顺治甲午，停秋冬二季俸。明年，汉官但给俸不给薪。'"俞樾因此说："按此，知国初官员有给薪之例，故至今薪俸之名犹在人口，而近来各局委员有薪水之给，亦本此也。"

之所以至此始有"薪水"之称，盖因清代官员俸禄之低，甚至到了难以维持生活的地步，最高的一品官每年的俸禄是一百八十两，最低的七品知县每年的俸禄只有区区四十五两！俸禄微薄的低级官吏满腹牢骚，遂用"薪水"一词来称呼俸禄，意思是所得的俸禄微不足道，譬如仅能维持生存的柴和水而已。不过沿用至今的"薪水"一词，已经失去了这层意味，而是单纯地代指工资了。

此幅描绘的是韦应物的五律《寄全椒山中道士》的诗意："今朝郡斋冷，忽念山中客。涧底束荆薪，归来煮白石。欲持一瓢酒，远慰风雨夕。落叶满空山，何处寻行迹。"诗人在郡斋枯坐，忽忆起山中道士。"束荆薪""煮白石"一联塑造出一个清冷出尘的方外客形象，画家也是主要依据这两句徐徐布置。涧底流水，松顶流云，青山红叶间，一个白衣道士束起一捆薪柴。画面动中写静，淡雅设色与诗意相融，令人悠然神往。

山中客负薪归来，煮的却是"白石"（旧传神仙、方士烧煮白石为粮）。修炼自然清苦，却无尘事萦怀，不食人间烟火，当然也不必为区区俸禄劳神。时任滁州刺史的韦应物在思念故人之余也不免心生羡慕吧。

鬼祟

"祟"到底是什么

俗话说"鬼祟""鬼鬼祟祟"，这些当然都是贬义词，形容偷偷摸摸、不敢光明正大的样子。"鬼"字谁都明白，"祟"到底是什么意思呢？有人甚至以为"祟"是鬼的一种。这是不对的。

《说文解字》："祟，神祸也。"什么叫"神祸"？南唐学者徐锴解释说："祸者，人之所召，神因而附之。祟者，神自出之以警人者。"原来，"祟"就是神附体于祸而示人以警，因此"祟"的造字结构从出、从示，出以示人。

既然是神出以示人，自然就有据可查，因此古代有一种祟书。古人认为人生病就是神在"作祟"，是对人的警告，而何日何时作祟，是可以推测出来的，因此而有"祟书"传世，从这本书上可以很方便地查到作祟的日期，从而能够对症下药。《红楼梦》第四十二回《蘅芜君兰言解疑癖 潇湘子雅谑补余音》中就有这样的描写。凤姐的女儿发烧，刘姥姥建议说："或是遇见什么神了。依我说，给他瞧瞧祟书本子，仔细撞客着。"凤姐便命人查《玉匣记》，果然："八月二十五日病者，东南方得之，有缢死家亲女鬼作祟，又遇花神。用五色纸钱四十张，向东南方四十步送之大吉。"这种用纸钱举行的仪式称作"送祟"。凤姐查的《玉匣记》就是古代一部著名的祟书，相传为东晋道士许真人所著。

蒲松龄一生写鬼，写妖，可是他的真心却是要为人除祟，因此他写了一部《药祟书》，立志为穷人治病。可惜原书已经失传，仅剩一百多字的序言，从中可见蒲松龄的志向："疾病，人之所时有也，山村之中，不惟无处可以问医，并无钱可以市药。思集偏方，以备乡邻之急，志之不已，又取《本草纲目》缮写之，不取长方，不录贵药，检方后，立遣村童，可以携取。但病有百端，而仅为四十部，殊觉荒率，而较之在《纲目》者，则差有涯岸可寻矣。偶有所苦，则开卷觅之，如某日病者，何鬼何祟，以黄白财送之云尔。"

北宋学者刘跂所著《暇日记》一书解释成都为什么不打晚衙鼓，说："孟蜀多以晚鼓戮人，埋毬场中，故每鸣鼓则鬼祟必作，自是承例不打鼓。"由此可见，成都的"鬼祟"是统治者晚鼓的时候杀人所招致的灾祸，属于"自作孽"，鬼神无非作祟警示而已。经过漫长的语言演变，"鬼祟"的警示作用这层最根本的含义渐渐消泯了。

《和汉百物语 小野川喜三郎》，月冈芳年绘，锦绘木版画，1865年。

月冈芳年偏爱妖异的绘画主题，留下了大量"妖怪绘"。《和汉百物语》是他早期的作品，共二十六图，搜集并描绘中国和日本历史传说中的妖怪故事，风格上可窥见其老师歌川国芳的影响。

小野川喜三郎（1758—1806）是江户时代中期著名的相扑力士，"古今十杰"（江户时代到昭和时代初期最厉害的十大相扑手）之一。画中描绘的故事发生在摄津有马家的江户蕃邸，据说宅中常有怪物作祟，小野川被请来除妖。夜深人静，一只妖怪从华丽的屏风后缓缓探出细长颈项和可怖头颅。这种长颈妖怪名为"飞头蛮"，又称"辘轳首"。小野川艺高人胆大，不仅不惧，反而冲着妖怪头颅喷出一口烟草气，逼得它皱眉缩脸，扭开头去。

据说作祟的妖怪的本体是一只古狸，这个传说被称为"有马怪猫传"，是江户时代三大妖猫怪谭之一，在市井中人气极高。

秋老虎
原来是"秋老火"之误

在民间俗语中，"秋老虎"是形容立秋之后仍然炎热的天气。但这句俗语令人费解，老虎有动有静，有凶猛的时候也有沉睡的时候，为什么偏偏要拿凶猛时候的老虎来作比呢？

当然，也许会有读者朋友问："苛政猛于虎"这个成语也是拿凶猛的老虎来作比。不过，出自《礼记·檀弓下》的这个成语，倒确实是因为虎患的缘故："孔子过泰山侧，有妇人哭于墓者而哀，夫子式而听之。使子路问之曰：'子之哭也，一似重有忧者。'而曰：'然，昔者吾舅死于虎，吾夫又死焉，今吾子又死焉。'夫子曰：'何为不去也？'曰：'无苛政。'夫子曰：'小子识之，苛政猛于虎也。'"

由此可见，"苛政猛于虎"确实因虎患有感而发。但"秋老虎"跟老虎有什么关系呢？

原来，"秋老虎"乃是"秋老火"之误。韩愈有《纳凉联句》诗："金柔气尚低，火老候愈浊。"在五行学说中，秋属金，初秋的时候，金还属柔弱，故称"金柔气尚低"；夏日已尽，火气已衰老，故称"火老候愈浊"，"浊"是沉闷之意。王安石《病起》一诗开篇就吟咏道："稚金敷新凉，老火炧残浊。"稚金，初秋之气；炧（xiè），烛尽。"火老"和"老火"同样是指五行之中火的衰退。

宋人胡继宗《书言故事·时令类·七月》载："火老金柔，秋初时令。"清人福申所辑《俚俗集》中说："夏至土王金相，迨三庚之后，金畏火而自伏。"立秋之后，金虽生但尚显稚嫩，火虽老而犹有余威，故称"秋老火"。民间不解"老火"的确切含义，而用更形象、更凶猛的老虎代替，"火"和"虎"也是一音之转。这就是"秋老虎"这个称谓的来历。

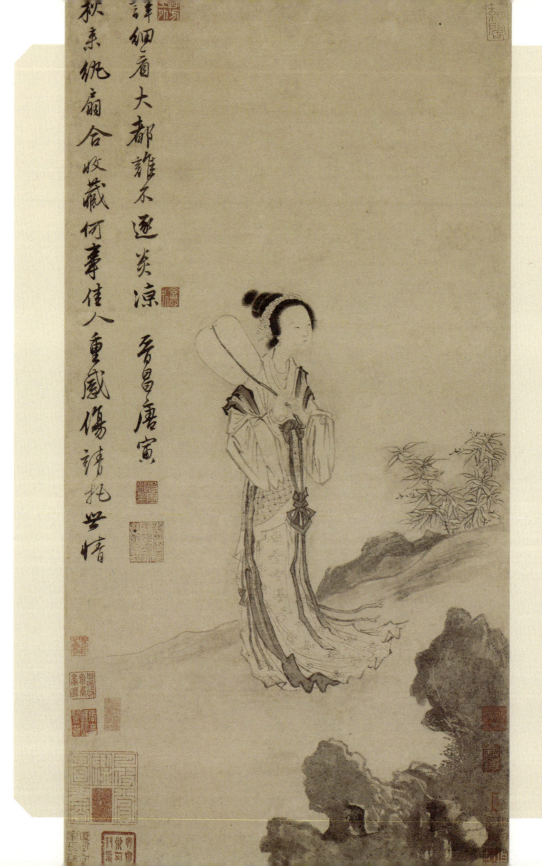

秋來紈扇合收藏　何事佳人重感傷　請託深情

詳細看來大都誰不逐炎涼　晉昌唐寅

唐寅擅画仕女，此轴是他的人物画中最负盛名的作品之一。图绘庭院一角，一仕女手持纨扇，侧身伫立在秋风中。她云髻高耸，风姿绰约，面露惆怅之色，似在凝望什么。画面仅以湖石一角、竹丛数枝点缀，显得疏旷幽僻，更增萧瑟气息。画上题诗曰："秋来纨扇合收藏，何事佳人重感伤。请把世情详细看，大都谁不逐炎凉。"在传统的宫怨之外，此画同时寄寓了画家对世态炎凉的讽刺。

"秋风纨扇"的典故源于汉成帝的妃子班婕妤所作《怨歌行》，诗人以纨扇自比，秋风一起便被弃置，抒发了失宠宫妃的寂寞与哀怨。老健，春寒，秋后热，再加上君王宠，是古人总结的世间最靠不住的四样事。君宠易逝，"秋老虎"虽尚有余威，也注定不能长久。

首级
为何指脑袋

为什么把人的脑袋称为"首级"？很多人都不知其详。

这一称谓非常古老，可以追溯到商鞅变法时期。商鞅辅佐秦孝公变法时，为了奖励军功，设置了二十等爵制，即根据军功的大小授予爵位，官吏从有军功爵的人中选用。《韩非子·定法》篇中记载了这一制度："商君之法曰：'斩一首者爵一级，欲为官者为五十石之官；斩二首者爵二级，欲为官者为百石之官。'官爵之迁与斩首之功相称也。"意思是说战争中斩一个敌人的头颅授予一级爵位，做官的话可做五十石之官；斩两个敌人的头颅授予二级爵位，做官的话可做百石之官……以此类推。

据《汉书·百官公卿表》所载，二十等爵制分别是："一级曰公士，二上造，三簪袅，四不更，五大夫，六官大夫，七公大夫，八公乘，九五大夫，十左庶长，十一右庶长，十二左更，十三中更，十四右更，十五少上造，十六大上造，十七驷车庶长，十八大庶长，十九关内侯，二十彻侯。皆秦制，以赏功劳。"

一首一级，后来干脆简称作"首级"。这就是"首级"一词的来源。

首级制度本来是为了鼓励军功，没想到反而带来了副作用。将卒们为了争功，常常为一个首级争夺起来，竟至于互相残杀。《史记·项羽本纪》描述项羽在乌江边自刎前，看见了汉军中以前的故人吕马童，对他说："既然你是我的故人，我就成全你，把我这颗大好头颅送给你去请赏吧。"吕马童不敢看他，背对着项羽对大将王翳说："这就是项王。"项羽拔剑自刎而死，"王翳取其头，余骑相蹂践争项王，相杀者数十人"。

首级制度直到北宋才彻底废除。吴处厚在《青箱杂记》中收录了大将狄青给宋仁宗的一封上疏，其中说："古之师还，以讯馘首告，割耳鼻则有之，不闻有获首者。秦汉以来，方有是事，故获一首则赐爵一级，因谓之首级。然开争启幸，莫此之甚，故军士争首级以致相杀。又其间多以首级为货，售于无功不战之人。非所以劝，愿一切寝罢。"

讯，所获生俘；馘（guó），割取敌人的左耳以计功。狄青直指首级制的弊端，至此，首级制终于废除。

《木曾街道六十九次之内 越川 鹭池平九郎》，歌川国芳绘，锦绘木版画，1852年。

木曾街道指的是日本江户时代连接江户和京都的一条驿道，又名中山道。《木曾街道六十九次》属于浮世绘中的"名所绘"，描绘了中山道沿途的六十九个"宿场"（即驿站）。歌川国芳这组作品着眼于由各个地名联想或引申出来的传说故事或戏剧名场面，与一般着重描绘风景名胜的"名所绘"大异其趣。

"鹭地（池）平九郎"的形象多次出现在歌川国芳的画作中。据山田意斋的读本《楠正行战功图会》（1821—1824）记载，他原是富田林的农家子，因英勇善战成为楠木正成麾下武将，参与了讨伐足立直义的凑川合战，一举斩获了十七员敌将的首级，一战成名。画面中描绘的场景是大战之后，平九郎在河中清洗自己染满鲜血的大斧，河边还丢着几颗新鲜的头颅。

歌川国芳通过谐音梗，将读音相似的"血之川"与"越川"联系起来。标题框周围环绕着战争用具。风景框中描绘越川宿场的风光，轮廓呈鹭鸟形状，暗暗呼应鹭池平九郎的名字。

要领
原来指腰斩和枭首之刑

　　"要领"一词，今天的意思是问题的要点或基本要求，但这个词在古代竟然指斩刑！

　　"要"是"腰"的本字，"领"就是脖子。《礼记·檀弓下》："晋献文子成室，晋大夫发焉。张老曰：'美哉轮焉，美哉奂焉！歌于斯，哭于斯，聚国族于斯。'文子曰：'武也，得歌于斯，哭于斯，聚国族于斯，是全要领以从先大夫于九京也。'北面再拜稽首。君子谓之善颂善祷。"

　　晋献文子即赵武，晋国的正卿。赵武的新居落成，晋国的大夫们纷纷前往祝贺。张老赞叹道："真是美轮美奂啊！既可以歌哭于斯，又可以宴国宾、聚宗族于斯。"赵武回答说："我能够歌哭于斯，聚国族于斯，也就可以保全腰和脖子，跟随先祖、先父一起长眠于九原了！"九原是晋国卿大夫的墓地所在。

　　郑玄注解说："全要领者，免于刑诛也。"孔颖达进一步解释说："古者罪重腰斩，罪轻颈刑也。"可见"要领"一词的本义即腰斩和枭首之刑。

　　东汉范晔所著《吴越春秋》中，越王勾践准备服事吴王夫差之前，对子贡说："孤虽知要领不属，手足异处，四支布陈，为乡邑笑，孤之意出焉。""要领不属",即腰和脖子都不属于我了,即斩刑的婉辞。北宋司马光在给皇帝的《辞修起居注第五状》中说:"臣要领如草芥,不足以待斧钺;躯命如蝼蚁,不足以脂鼎镬。"意思更加显豁:我的腰和脖子就像草芥一般,不值得加以斧钺来施斩刑;我的身体就像蝼蚁一般,不值得以油脂润鼎镬。

这就是"要领"一词的本义。现在人们常说的"不得要领",其实本来指斩刑的时候找不准腰和脖子,后来才引申指抓不住重点。

顺便说一句:这个故事也是"美轮美奂"的出处。"轮"是屈曲盘旋而上的样子,引申为高大;"奂"指文采华丽。

日常生活中经常有人把这个成语误写成"美仑美奂"或"美伦美奂",都是错误的。而且人们使用这个成语的时候也经常出错,看到其中的"美"字,就以为所有"美"的东西都可以用它来形容,竟然还有人用它来赞叹美女,真是滑天下之大稽!"美轮美奂"这个成语只能用在建筑物及其装饰上,形容建筑物高大华美,装饰、布置美好漂亮,用在别的场合一律属于误用。

徐元，字叔同，钱塘人。明代剧作家，生平不详，约活动于明神宗万历年间。《八义》是徐元自元杂剧《赵氏孤儿大报仇》（纪君祥作）改编的传奇戏曲，讲述了程婴等八位义士舍生救孤、助忠除奸的故事。此《重校古八义记》分上、下卷，共四十二出，内含版画十六幅，前附陈邦泰序及考异。

赵氏是嬴姓的一个分支，晋国大族，历代事晋侯。赵氏孤儿即献文子赵武，他是名臣赵衰、赵盾之后，晋卿赵朔的遗腹子。他出生前，赵氏被构陷灭族，只有他这一个

婴儿幸存，十五年后才得以报仇昭雪，后成为晋国的正卿。此图为《重校古八义记》四十一出"灵寿聚完"的插图，描绘公主在灵寿寺与赵武相见团聚的情景。

赵武新居落成，晋国的大夫们都来送礼致贺，当是他复仇还家后不久的事。他年纪还轻，所以张老在赞颂的同时，含有规劝之意。赵武用"全要领"来表明痛定思痛，祈祷不再发生刑戮之祸。祝辞与答辞都紧密结合赵氏一族的血泪史，的确是"善颂善祷"。

靠山
靠的不是安禄山

　　"靠山"是如今广泛使用的日常口语，含义类似于背景、后台，比喻那些可以依靠的人或势力。"靠山"靠的到底是什么山？流传于各种媒体和网络的说法是，这个"山"指的是安禄山。以下全文引用流传极广的这个释义：

　　"'靠山'这个俗语出自安禄山篡唐的故事。唐玄宗李隆基非常宠信安禄山，要升他为宰相。杨国忠知道后，进谏皇上不要重用野心勃勃的安禄山。于是玄宗就不让张洎拟定提升安禄山的诏书了。张洎是安禄山的好友，很快把这件事告诉了安禄山。一次，张洎与在京任职的大诗人李白谈起了与安禄山交往的事。李白直言不讳地说：'我看胡儿有谋反之心，他的野心很大，到时会连累你的。你万万不可靠山（指安禄山），还是靠近皇上吧！'张洎点头称是。不久，安禄山果然起兵反唐，张洎却仍受到玄宗的重用。张洎深有感触地说：'幸亏我没有靠山啊！'"

　　这是一个非常荒唐的故事。不仅任何古代文献都没有记载，而且故事本身也纯属胡编乱造。首先，唐代没有"张洎"其人，应是"张垍（jì）"之误。张垍是宰相张说之子，而且还是唐玄宗的女婿。其次，虽然张垍确实曾和李白同在翰林院供职，但李白早已于天宝三年"赐金放还"离开长安，怎么可能预见十一年后的安禄山叛乱？再次，安禄山叛乱后，张垍投靠安禄山，任宰相之职，死于乱军之中，怎么可能"仍受到玄宗的重用"？

不知道这一释义最早出自谁人之手，但由上述分析可知，"靠山"一词的"山"绝非指安禄山。

唐末五代时的学者王仁裕所著《开元天宝遗事》中有"依冰山"一则记载，可视为"靠山"的语源："杨国忠权倾天下，四方之士争诣其门。进士张彖者，陕州人也，方学有文名，志气高大，未尝干谒权贵。或有劝彖令修谒国忠，可图显荣，彖曰：'尔辈以谓右相之势，倚靠如泰山，以吾所见乃冰山也。或皎日大明之际，则此山当误人尔。'后果如其言，时人美张生见几。"

杨国忠时任右丞相，权势显赫，但在张彖（tuàn）看来，众人"倚靠如泰山"的杨国忠，不过冰山而已。这才是有文献可征的"靠山"的语源，所靠的"山"不是安禄山，而是泰山和喻之为泰山的杨国忠，当然，在张彖眼中，所靠的"山"却是冰山。

《长恨歌图》卷上（局部），狩野山雪绘，绢本工笔重彩长卷，十七世纪，爱尔兰切斯特·比替图书馆藏。

　　狩野山雪（1590—1651）是日本江户时代早期狩野派画师，自号蛇足轩、桃源子、松柏山人，活跃于十七世纪上半叶的京都。此故事长卷《长恨歌图》分上、下两卷，大约绘于1646至1647年间，以白居易《长恨歌》为蓝本，描绘了唐玄宗与杨贵妃之间凄美的爱情故事。卷上从"汉皇重色思倾国"始，到杨贵妃被赐死于马嵬坡止；卷下从"君王掩面救不得"始，到"此恨绵绵无绝期"止。其中的女性形象比较接近中国明代江南的仕女画。

　　这一段画面紧接在唐玄宗与杨贵妃二人于骊宫高台上缓歌慢舞的宴乐场景之后，将《长恨歌》中"渔阳鼙鼓动地来，惊破霓裳羽衣曲"一句构筑的强烈冲突描绘出来。渔阳郡当时属于三镇节度使安禄山的辖区。天宝十四年（755）冬，安禄山与史思明起兵叛乱，以讨杨国忠、清君侧为名，挟三镇兵力，直指东都洛邑。战报传至骊山，唐玄宗犹不相信。

　　画面上的一队叛将盔甲鲜明，兵强马壮，旗帜高扬。士卒扛着战鼓，一边奔跑一边咚咚擂鼓，气势锐不可当。众叛将中哪一位是安禄山呢？据说他晚年十分肥胖，不过身姿灵活，在玄宗面前作胡旋舞，竟能"疾如风焉"。

赛神
不是比谁供的神好

　　中国民间有"赛神"的习俗，又称"赛神会"，唐代诗人张籍在《江村行》一诗中吟咏道："一年耕种长苦辛，田熟家家将赛神。"这描述的是收获季节的赛神。白居易有诗《春村》："二月村园暖，桑间戴胜飞。农夫春旧谷，蚕妾捣新衣。牛马因风远，鸡豚过社稀。黄昏林下路，鼓笛赛神归。"这描述的是春社期间祭祀土地神的赛神。王建也有《酬柏侍御闻与韦处士同游灵台寺见寄》一诗，其中吟咏道："赛神贺得雨，岂暇多停留。"赛神也用于祈雨并得雨之后的庆贺。

　　"赛神"一词，很多人仅从字面上理解为比赛神灵，比赛谁供的神更好。之所以会产生这种误解，是因为不懂得"赛"这个字的含义。

　　《说文解字》中没有"赛"字，五代、北宋间学者徐铉在校勘整理《说文解字》的过程中，新增了四百零二字，称作"新附字"，其中就有"赛"字，他的释义为："赛，报也。"谢恩称"报"，也就是说，"赛神"即感谢、酬报神灵之恩的意思，正如晚明学者赵宧光在《说文长笺》中的解释："今俗报祭曰赛神。"

　　古人认为："国之大事，在祀与戎。"祭祀和战争是最重要的国家大事。《国语·鲁语》篇中写道："凡禘、郊、祖、宗、报，此五者国之典祀也。""禘"是祭天地的大祭;"郊"即郊祭,在南郊祭天,在北郊祭地;"祖"指祭始祖;"宗"指祭本宗的先祖;"报"即报德之祭,祭祀神灵。这五种祭礼是按照常礼所举行的最基本的祭礼。

据《周礼》记载,周代有"掌都祭祀之礼"的"都宗人"一职,职责之一是:"国有大故,则令祷祠,既祭,反命于国。"郑玄注解说:"祭谓报塞也。"报祭因此又称"报塞"或"报赛"。"赛"是后起字,古时则写作"塞"。贾公彦注解说:"求福谓之祷,报赛谓之祠。"也就是说,向神祈福的时候称"祷",得福之后举行谢神的祭祀称"祠",即"报赛"。凡遇国家有灾害、兵寇、国丧等重大事故的时候,都宗人要举行祈福和谢恩的报祭,回去后还要向国君详细报告祭祀的过程和结果。

"报赛"之祭,最重要的祭礼就是古人所称的"春求秋报",春天向神灵祈求丰收,收获之后向神灵祭祀报德,祭祀的是"社稷",即土地神和谷神。鲁迅先生在《破恶声论》一文中的描述非常形象:"农人耕稼,岁几无休时,递得余闲,则有报赛,举酒自劳,洁牲酬神,精神体质,两愉悦也。"

举办赛神会的时候,要使用鼓乐仪仗,搭台唱戏,还要向神灵供献祭牲,即鲁迅先生所说的"洁牲酬神"。既有如此种种举动,那么就一定会有争胜的心理,因此赵宦光在《说文长笺》中又说:"借相夸胜曰赛。""赛"由此引申出比赛、争胜的意思。

《苏州市景商业图册》之一，清代佚名绘，纸本设色，法国国家图书馆藏。

《苏州市景商业图册》以素描点彩的手法，细致描绘了明末清初姑苏城内百业兴旺、物产富庶的繁华市景。此图册以神父蒋友仁（1715—1774）之名编纂出版于1771年，收录了三十六帧城市街景，各幅之间若断若连，大致由五人之墓起，穿山塘街，过阊门，经宝城桥街、桃花坞大街等，直至北寺塔附近。画中除了鳞次栉比的店铺，处处可见游商、小贩、小吃食摊，以及各行各业的市民、行人、游客，一派祥和景象。

此页描绘民间搭台观戏的庙会场景。江南民间信仰活动丰富，明清时期以酬神、祭祀、节庆等名义举行的演剧活动尤为盛行。如遇迎神赛会，往往于祠庙附近空旷之地高搭戏台戏棚，轰动远近，男女群聚往观，无论士绅平民，老幼错杂。演剧活动兼有庙会性质，各种小商小贩云集，沽酒卖茶，热闹非常。这幅画中，戏台搭建在水边岸上，正在搬演的似是一出财神爷的戏码，红衣财神拉开的字轴上书"人寿年丰"几个大字，观者边看边议论，生活气息扑面而来。

喽啰
竟然是赞美的词

旧小说和戏曲中常常可见"喽啰"的称谓，比如《水浒传》第二回《王教头私走延安府 九纹龙大闹史家村》，李吉告诉九纹龙史进："如今山上添了一伙强人，扎下一个山寨，聚集着五七百个小喽啰，有百十匹好马。"这是指强盗的部下。

"喽啰"一词常见的写法还有"喽罗""偻罗""娄罗""搂罗"等，都是同音词。今天的口语和书面语中也常常使用这个称谓，用来称呼坏人的随从，是一个地地道道的贬义词。

可是，鲜为人知的是，"喽啰"最早的时候却是一个赞美人的褒义词！

据《旧唐书·回纥传》载，唐代宗册封回纥可汗，称号极长，叫作"登里颉咄登密施含俱录英义建功毗伽可汗"，并解释说："'颉咄'，华言'社稷法用'；'登密施'，华言'封竟'；'含俱录'，华言'娄罗'；'毗伽'，华言'足意智'。"既然作为回纥可汗的称号，那么一定是褒义词。

唐人苏鹗所著《苏氏演义》中解释说："娄罗者，干办集事之称。世曰娄敬、甘罗，非也。"所谓"干办集事"，是指办事伶俐干练。

苏鹗顺便指出"娄罗"一词并非汉初谋士娄敬和秦国少年政治家甘罗二人的合称。

宋人高承所著《事物纪原》中作了更详细的解释："言人善当荷干，辨于言者，能楼揽罗绾，遂谓之楼罗。"所谓"楼揽罗绾"，指做事能够包揽张罗，精明能干。《宋史·张思钧传》载："思钧起行伍，征讨稍有功。质状小而精悍，太宗尝称其'楼罗'，自是人目为'小楼罗'焉。"张思均因为征讨有功而被誉为"小楼罗"。

综上所述，可见"喽啰"一词原本是赞美之词，后来才渐渐引申为绿林之卒。南宋学者罗大经所著《鹤林玉露》中说："偻儸，俗言狡猾也。"然后罗大经感慨道："欧史间书俗语，甚奇。""欧史"指欧阳修所著的《新五代史》。由此可见，至迟到南宋时，"喽啰"的称谓已经演变为贬义词。

明代才子徐渭在《南词叙录》中说："搂罗，矫绝也。唐人语曰：'欺客打客当搂罗。'今以目绿林之从卒。"之所以"以目绿林之从卒"，也正是从伶俐能干、狡猾等义项渐渐引申而来，"喽啰"从此就由赞美人的褒义词演变成了一个彻头彻尾的贬义词。

"喽啰"及其各种同音词，是汉语中一个非常引人注目的现象，一千多年来学者们聚讼纷纭，解释层出不穷，迄今尚无定论。因非关本文主旨，兹不赘述。

《通俗西游记 孙悟空 八戒》，月冈芳年绘，锦绘木版画，1865年。

画中情节出自《西游记》第三十回"邪魔侵正法　意马忆心猿"。话说取经路上，孙悟空因三打白骨精被唐僧赶走，回了东海老家。悟空走后，唐僧遇难，猪八戒不得不赶来花果山搬救兵。他按落云头，只见行者在山凹里，坐在一块石头崖上，面前有一千二百多只猴子，分序排班，口称："万岁，大圣爷爷。"八戒羡慕他"且是好受用……许大的家业，又有这多的小猴伏侍"。

画面上悟空正在据案饮酒，众小猴倒酒的倒酒，耍宝的耍宝，如众星拱月，好不快活。其实悟空刚回来时，只见一片败山颓景。原来自他去后，花果山被二郎神烧毁，群猴备受其他妖怪欺凌。当年的四万七千群妖，只余千把老弱。悟空于是剿灭盗寇，"重修花果山，复整水帘洞"，招魔聚兽，积草屯粮，重拾山大王生涯，他手下的众喽啰自然也恢复了往日的风光。

随和
原来是两件宝物的并称

日常生活中，形容一个人脾气好，为人谦和，常常用"随和"这个词。随，随从，依顺；和，相应，和谐。这样的解释倒也符合这个词的意思，不过"随和"一词的来源并不是出于"随"与"和"的字面意思，而是古时候两件宝物的并称。

这两件宝物的名字叫随侯珠、和氏璧，是春秋时期最炫人眼目的宝物，合称"春秋二宝"。

《艺文类聚》引《搜神记》载："随侯行，见大蛇伤，救而治之。其后蛇衔珠以报之，径盈寸，纯白而夜光，可以烛堂，故历世称焉。"随国是周的同姓诸侯国，后为楚所灭。

和氏璧的故事则尽人皆知，《韩非子·和氏》载之甚详："楚人和氏得玉璞楚山中，奉而献之厉王。厉王使玉人相之，玉人曰：'石也。'王以和为诳，而刖其左足。及厉王薨，武王即位，和又奉其璞而献之武王。武王使玉人相之，又曰：'石也。'王又以和为诳，而刖其右足。武王薨，文王即位，和乃抱其璞而哭于楚山之下，三日三夜，泪尽而继之以血。王闻之，使人问其故，曰：'天下之刖者多矣，子奚哭之悲也？'和曰：'吾非悲刖也，悲夫宝玉而题之以石，贞士而名之以诳，此吾所以悲也。'王乃使玉人理其璞而得宝焉，遂命曰'和氏之璧'。"

有趣的是，这两件宝物都跟楚国有关：楚灭随后，将随侯珠据为己有；和氏璧则干脆本就产自楚国。西汉学者刘向所著《新序·杂事》篇中记载："秦欲伐楚，使使者往观楚之宝器。楚王闻之，召令尹子西而问焉：'秦欲观楚之宝器，吾和氏之璧，随侯之珠，可以示诸？'"可见"春秋二宝"其时都已归楚所有。

秦灭楚后，将此二宝俱收入囊中，李斯在著名的《谏逐客书》中对秦始皇说："今陛下致昆山之玉，有随和之宝，垂明月之珠，服太阿之剑，乘纤离之马，建翠凤之旗，树灵鼍之鼓。此数宝者，秦不生一焉。""随和之宝"即此二宝，李斯特意点明"秦不生一焉"，可见都是秦始皇掳掠而来。

秦始皇将和氏璧制为玉玺，并一直传了一千多年，五代时不知所终；随侯珠则自秦始皇之后即无影踪。"春秋二宝"的命运令人嗟叹。不过，此二宝并称的"随和"一词却流传了下来，并进入了后人的日常口语。"随和"是二宝，因此用来比喻高洁的品德，凡是具备高洁品德的君子都很谦和，因此又慢慢演变成谦和、和气之意。

《晋文公复国图》（局部），宋代李唐绘，绢本设色长卷，美国大都会艺术博物馆藏。

李唐（1066—1150），字晞古，河阳三城（今河南孟县）人。北宋画院南渡而入南宋画院的画家，精于山水画和人物画。这幅长卷分为六段，采用连环画形式，描绘了晋公子重耳因骊姬之乱所引起的储嗣之争而被迫出奔，辗转流亡列国十九年，终于伺机归国即位的故事。每段都有树石、车马、房屋作配景，并由宋高宗赵构手书《左传》中相关章节。人物各具情态，刻画从容。

这一段画面描绘的故事载于《左传·僖公二十四年》："及河，子犯以璧授公子曰：'臣负羁绁从君巡于天下，臣之罪甚多矣。臣犹知之，而况君乎。请由此亡。'公子曰：'所不与舅氏同心者，有如白水。'投其璧于河。"这一年春，秦穆公送公子重耳回国。到达黄河岸边，子犯将重耳当年聘自己为家臣的玉璧交还，请求离开。公子投璧于河，以黄河起誓，今后必与舅氏（重耳与子犯是甥舅关系）同心同德。于是便有了"白水为誓"这个成语。

毕竟不是和氏璧，公子毫不犹豫就丢进黄河了。不过，随和二宝的命运尚不及此璧。此璧可于画面留存千载。

公社
原来指官家的祭祀场所

　　一个共同体内有许多成员，大家生活在一起，共同生产，共同消费，这样的共同体称为"公社"。历史上最著名的"公社"是1871年的巴黎公社，不过这是译名，而最为中国人所熟知的则是1958年开始出现的"人民公社"，毛泽东说："看来'人民公社'是一个好名字，包括工、农、商、学、兵，管理生产，管理生活，管理政权。"20世纪80年代，人民公社退出历史舞台。

　　"公社"这一称谓起源极早，据《礼记·月令》载："是月也（孟冬之月），大饮烝。天子乃祈来年于天宗，大割祠于公社及门闾，腊先祖、五祀，劳农以休息之。"这是冬季的第一个月天子所举行的祭祀，祭祀的目的是"劳农以休息之"，让百姓休养生息，准备过冬。

　　"天宗"指日月星辰。"大割"，郑玄解释说："大杀群牲割之也。"即宰割牲畜。"门闾"指城门和里门。"腊"，郑玄解释说："谓以田猎所得禽祭也。"孔颖达解释说："腊，猎也，谓猎取禽兽，以祭先祖五祀也。""五祀"则指门、户、中霤、灶、行这五种住宅内外的神，其中"中霤（liù）"本指室中央，因土在中央，因此引申指土神；"行"指路神。

关于"公社"，孔颖达解释说："以上公配祭，故云公社。"这是说天子祭祀"天宗"的时候，要以上公来配祭。"上公"是谁？来看看《左传·昭公二十九年》中晋国太史蔡墨的一段话："故有五行之官，是谓五官，实列受氏姓，封为上公，祀为贵神。社稷五祀，是尊是奉。木正曰句芒，火正曰祝融，金正曰蓐收，水正曰玄冥，土正曰后土。"据此则"上公"之土正为后土，后土即土地神，"社"也是土地神，因此将后土配祭的地方称作"公社"。

　　《汉书·郊祀志》载：刘邦立为汉王的第二年冬，"因令县为公社，下诏曰：'吾甚重祠而敬祭。今上帝之祭及山川诸神当祠者，各以其时礼祠之如故。'"颜师古注引李奇曰："犹官社。"那么每县都有祭祀土地神的"公社"，这一制度就是后世"公社"的来源，不同的是，前者乃是祭祀土地神的场所；既为祭祀，则人群聚集，后世遂引申为共同体的名称。

春社延賓

戲歲村農樂事
多草堂罇俎眾
賓羅去年倉廩
已充實更祝今
年富泰禾

董诰（1740—1818），字雅伦，号蔗林，浙江富阳人，著名画家董邦达长子，官至东阁大学士、太子太傅、文华殿大学士，是清代第一个进入军机处的汉人。工诗文，善书画，与其父有"大、小董"之称。此《开韶集胜》册绘于嘉庆八年（1803），应是为宫中庆贺新春而作，内容皆以"春"字为题，共十二开，描绘春日的民俗美景，寓意盛世升平。每幅均题有清仁宗嘉庆帝御制诗一首。

这幅"春社延宾"画的是民间春社祭祀之后，农家延宾宴饮的情景。春社是春季祭祀土地神的日子，一般为立春之后第五个戊日，是最古老的民俗节日之一。春社又有官社（公社）、民社之分，画中自然是民社，邻里欢聚，共祈丰年。画上题诗曰："献岁村农乐事多，草堂樽俎众宾罗。去年仓廪已充实，更祝今年富黍禾。"估计酒酣宴罢，又是"家家扶得醉人归"了。

号子
为何是监狱牢房的代称

中国人的日常口语把监狱里的牢房俗称为"号子"，比如说谁谁谁进了"号子"，也就是进了牢房的意思，甚至一些文学著作和新闻媒体也常常使用这一称谓。监狱就是监狱，牢房就是牢房，跟"号子"有什么关系呢？

原来，这一俗称出自古代的科举考试。据《明史·选举志》载："试士之所，谓之贡院；诸生席舍，谓之号房；人一军守之，谓之号军。"科举考试都在贡院进行，为便于管理，贡院里考生的每一个房间都要编号，编号的依据是《千字文》，比如"天"是《千字文》的第一个字，因此第一排的第一间房就是"天字"房，也就是"天字第一号"。

包括"天字第一号"在内的所有编好号的房间统称为"号房"。明杂剧中屡屡出现这一称谓。王衡所作《郁轮袍》第四折："诸生各归号房，出个早朝即事题，作律诗来者。"叶宪祖所作《鸾鎞（ bī ）记》第二十二出："如今就以马为题，诸士各进号房去听题。"然后"天字号""地字号""玄字号""黄字号"生员一一领题。

到了清代，民间亦俗称"号房"为"号子"。吴趼人所著小说《糊涂世界》卷十一："忽听见号子东头哭声震耳，岑其身急急问号军道：

'什么事？'号军道：'闹鬼。'岑其身道：'我时常听说号子里闹鬼，我第一场就遇到这事，我不可不去看看。'"

到了二十世纪上半叶，"号子"开始成为监狱牢房的俗称。这是因为监狱里的牢房不仅也编号，而且其狭窄程度和限制自由的程度，与考生们的"号房"极为相似。科举虽已废除，但"号子"的称谓却流传了下来，搬演来形容与其相似的监狱牢房。

本幅旧题为仇英所作，但与仇英画风差异明显，据推断为明后期画家托名之作。

中国古代科举选士的制度始于隋代，至明清而大备。明清科举考试分三级：乡试、会试、殿试，每三年一考。无论"秋闱"（乡试）还是"春闱"（会试）都是连考三场，每场三天，考生食宿皆在狭窄号舍之内，对精神和体力都是极大的消耗。最后的殿试名义上由皇帝主持和出题，试后定名次，张金榜。此卷即描绘殿试后考生争相观榜的盛况。只见悬榜处人潮汹涌，万头攒动，众人昂首注目，焦急地寻找自己的名字。高中者兴奋登马而去；落榜者则满脸沮丧，由人搀扶，颓然而返。困顿科场的举子，三年之后还要再次经历号舍的折磨，更可惜的是这些蹉跎的年华。

名堂
为何指花招

人们的口头语"搞什么名堂"，犹如说搞什么花招、搞什么花样，是使用频率非常高的日常俗语。"名堂"到底是什么东西，为什么会用来指代花招、花样呢？

"名堂"原来写作"明堂"，明堂是古代帝王宣明政教的地方，凡是朝会、祭祀、庆赏、选士、养老、教学等重大的典礼都在明堂举行。《木兰辞》中"归来见天子，天子坐明堂"，将士们打了胜仗回来后，天子亲自接见的地方就是明堂。

《礼记》中有一篇《明堂位》，记载了周代明堂的样式和礼仪，但是语焉不详，不知道明堂到底是什么样的建筑。一种说法是明堂乃黄帝所建，是黄帝测天象、观四方和举行重大政治文化活动的场所；还有一种说法是直到周代才叫明堂，夏朝叫世室，商代叫重屋。

《孟子·梁惠王下》篇中，齐宣王向孟子询问，有人建议他拆除周王室那座华而不实的明堂，孟子怎么看这件事，孟子回答道："夫明堂者，王者之堂也。王欲行王政，则勿毁之矣。"齐宣王说的这座明堂，是周武王东征时所建，汉代时还存在，后来才渐渐湮没。

据《史记·孝武本纪》载，汉武帝封禅泰山，想模仿古代圣君，也造一座明堂，可是没有人知道明堂的建筑样式。济南人公玉带献上了黄帝时的明堂图，"图中有一殿，四面无壁，以茅盖，通水，圜宫垣为复道，上有楼，从西南入，命曰昆仑"。汉武帝就照着这个图修建了明堂。不过后代学者考证说这个明堂图乃是公玉带伪造的。

隋唐两代，帝王们都想建造明堂，自比圣君，但是众说纷纭，最终也确定不了明堂的样式。武则天统治时期，不听群臣的劝谏，按照拍马屁者呈献的《黄帝明堂经》执意建成了周边长93.3米、高91.43米的明堂，非常壮观华丽，不料七年后一把火焚毁了明堂，武则天又重建了规模更大的明堂，称"通天宫"，在安史之乱中化为灰烬。

唐玄宗时期，有大臣指责"武氏所造明堂，有乖典制"，从此人们就把稀奇古怪、子虚乌有的东西称作"搞什么明堂"，因为"明""名"同音，久而久之"明堂"就变成了今天俗语所说的"名堂"，而人们再也不知道它最初所指何意了。

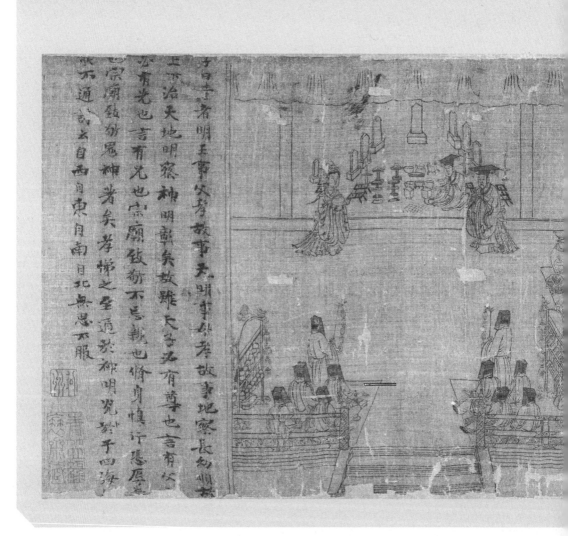

子曰孝者明王事父孝故事天明事母孝故事地察長幼順故
上下治天地明察神明彰矣故雖天子必有尊也言有父
必有先也言有先也宗廟致敬不忘親也修身慎行恐辱先
也宗廟致敬鬼神著矣孝悌之至通於神明光於四海
無所不通詩云自西自東自南自北無思不服

李公麟与同时期的文人士大夫有密切往来，人物画自带温文尔雅之风致。《孝经图》卷作于1085年，是现今存世的李公麟真迹之一。此卷据《孝经》十八章绘制而成，每章一图，以行楷书《孝经》之文，以线描配图，图文相间，书画合璧。原画有18段，现仅存15段。这一段画面主题是《孝经》第十六章"感应"篇："子曰：'昔者明王事父孝，故事天明；事母孝，故事地察；长幼顺，故上下治。天

地明察，神明彰矣……宗庙致敬，鬼神著矣。孝悌之至，通于神明，光于四海，无所不通。'"

画面描绘了天子在明堂祭祀的场面，赞颂统治者以奉事父母的孝顺敬奉天地，必得神明福佑。皇帝和皇后盛装肃立于明堂左右，一司仪官跪在两排祖宗灵位前照料供品。院中陈列着鼓乐仪仗之属。此处的明堂即宗庙，殿堂颇为深广，简单的线条虽然没有表现具体的建筑式样，却传达出庄重肃穆之意。

陵寝
专指帝王的坟墓

　　很多人分不清"陵寝"和"陵墓"的区别。"陵墓"是一个比较宽泛的概念，举凡帝王、后妃、诸侯的坟墓都可称"陵墓"，近代以后发展到国家领袖、革命先烈、知名人士等的坟墓也可称"陵墓"；但"陵寝"却是一个专属概念，只能称帝王的坟墓。

　　"陵寝"到底是一种什么样的制度？

　　先来看"陵"。"陵"的本义是大土山，既为土山，当然可以作为埋葬之所，因此引申为坟墓。东汉学者应劭所著《风俗通义》中写道："陵有天性自然者，今王公坟垄各称陵也。"其实，最初的"陵"可以称所有人的坟墓，并不专用于帝王。清代学者董增龄在《国语正义》一书中辨析道："盖自秦之兴，而陵始专为天子诸侯之名，在春秋时则士庶人之冢亦通称陵也。"

　　"丘"和"山"也是埋葬之所，因此"丘陵""山陵"皆可称坟墓，但"山陵"只能用于称谓帝王的坟墓，引申而指帝王，比如帝王之死叫作"山陵崩"。

　　再来说"寝"。"寝"的本义当然是睡觉。据《周礼》记载，周代有"宫人"一职，职责之一是"掌王之六寝之修"。何谓"六寝"？郑玄注解说："六寝者，路寝一，小寝五。《玉藻》曰：'朝，辨色始入。君日出而视朝，退适路寝听政，使人视大夫，大夫退，然后适小寝，释服。'是路寝以治事，小寝以时燕息焉。"

也就是说，"六寝"指天子所居的宫室，包括一座路寝和五座小寝。"路寝"即正厅，天子要在这里听政，"路"是大的意思；"小寝"又称"燕寝"，处理完政事，派人去看看大夫们还在不在，如果大夫们都退下了，那么天子才能前往小寝，脱去上朝的礼服，开始休息。

这是天子的"六寝"，同时，天子的宗庙也有"寝"，乃是宗庙后殿用来藏放祖先衣冠的地方，此之谓"寝庙"制度。《礼记·月令》中说："寝庙毕备。"郑玄注解说："凡庙，前曰庙，后曰寝。"孔颖达进一步解释说："庙是接神之处，其处尊，故在前；寝，衣冠所藏之处，对庙为卑，故在后。"《尔雅·释宫》中则写道："室有东西厢曰庙，无东西厢，有室曰寝。"也就是说，"庙"有东西厢房，"寝"则只有内室，用来放置祖先的衣冠，表示祖先的灵魂还在这里躺卧着。

"陵寝"制度同样起于秦代，据西晋史学家司马彪所著《续汉书·祭祀志》载："汉诸陵皆有园寝，承秦所为也。说者以为古宗庙前制庙，后制寝，以象人之居前有庙，后有寝也……庙以藏主，以四时祭；寝有衣冠几杖象生之具，以荐新物。秦始出寝，起于墓侧，汉因而弗改，故陵上称寝殿，起居衣服象生人之具，古寝之意也。"

按照这种说法，陵寝位于帝王坟墓的一侧，里面安放着祖先的衣冠、几杖等日常生活用具，每日要在"寝"中祭祀，每月要在"庙"中祭祀，四时则要在便殿祭祀，还要"荐新物"，即供奉时鲜的五谷、水果、动物等食品。

这就是古代中国的陵寝制度，"陵寝"专指帝王的坟墓，明、清时期也开始把后妃、皇子的坟墓称作"陵寝"，已经失去原始的含义了。

《出警图》卷通常与另一幅《入跸图》卷合称为《出警入跸图》，两卷均为历代绘画作品中少见的鸿篇巨制，原藏于故宫南薰殿，大约由许多宫廷画师合力绘制而成。两卷描绘的是明代皇室由京城出发，前往离京四十五千米外的天寿山（即明代皇帝陵寝区）谒陵，扫墓，巡视，然后回京的过程。《出警图》绘皇帝骑马，由陆路出京至皇陵；《入跸图》绘皇帝走水路还宫。

"警跸"一词指的是古代帝王出入时，于所经路途侍卫警戒，清道止行。"出警入跸"，指帝王出巡归来。据研究，这两幅长卷描绘的应是明神宗万历皇帝朱翊钧，他是明朝在位时间最长的皇帝。盛大整肃的皇室出巡队伍一路经行明媚的郊野春光，衣甲鲜明，场面宏伟，既庄严又华丽。

这一段画面接近《出警图》卷终，描绘的是谒陵的目的地——天寿山皇陵区的风光。皇帝的仪仗队伍在墓道苍松间时隐时现。天寿山在今北京市昌平区北，原名黄土山，又名东山。明成祖永乐七年（1409）营建山陵，因此改名天寿山。自明成祖之后，除明代宗葬于玉泉山，历代皇帝都葬在此处，即今明十三陵。

灵台
最初是求雨之台

　　在现代汉语中，"灵台"这一称谓还在使用，但只具有两个常用的义项：一是放置灵柩或死者遗像、骨灰盒的台子，二是用于"灵台清明"一词。那么，与之相关的问题就来了："灵台"为什么会具备这样的义项？在古汉语中，"灵台"最初建造的时候到底是什么用途？"灵台清明"的"灵台"到底是指人的哪个部位？

　　在有史可稽的文献记载中，"灵台"最初乃周文王所建，《诗经·大雅·灵台》吟咏的就是建造灵台的过程以及建成之后周文王在苑囿中游乐的情景。前四句是："经始灵台，经之营之。庶民攻之，不日成之。""攻"不是进攻，而是指致力于建造之事。这四句诗说明庶民百姓非常拥护周文王建造灵台，争相出力，灵台很快就建成了。建成的不仅有灵台，还有灵囿、灵沼、辟雍，其实就是一座范围广大的园林，因此周文王才能够在其中游乐。

　　孟子在《梁惠王上》篇中解释了周文王建造灵台的目的："文王以民力为台为沼，而民欢乐之，谓其台曰灵台，谓其沼曰灵沼，乐其有麋鹿鱼鳖。古之人与民偕乐，故能乐也。"意思是说虽然周文王役使民力，但百姓反而很高兴，这是因为周文王与民同乐的缘故。不过孟子并没有解释"灵台"为何以"灵"命名，仅仅解释了"灵台"的功用。

郑玄则释义为："天子有灵台者，所以观祲象，察气之妖祥也。文王受命，而作邑于丰，立灵台。""祲（jìn）"指太阳旁边的云气，赤云为阳，黑云为阴，察看阴阳两气相侵就能判断吉凶。"受命"指受天命，周文王受天命而立灵台，这是最关键的一点。

"灵"的繁体字是"靈"，《说文解字》："靈，靈巫，以玉事神。"其实，"靈"的下部本来写作"王"，这个"王"不是指国王，而是串玉的形状，因此许慎才说"以玉事神"，也可以写作"巫"。日本著名汉学家白川静先生在《常用字解》一书中令人信服地分析道："会意，'霝'同'巫'组合之形。'霝'表示为了求雨，摆列三个'口'（置有向神祷告的祷辞的祝咒之器），进行祈祷。'巫'乃指行事求雨活动的巫女。'靈'本指求雨之礼仪。不仅求雨时摆列'口'，祈求神灵降临时也要摆列'口'，然后祈祷，因此后来'靈'指神灵本身。凡是与神灵有关的现象大都可以表现为'靈'。"

这段话说得很清楚，"灵"本指巫女求雨的仪式，那么"灵台"当然就是求雨之台。百姓们之所以拥戴周文王建造灵台，当然也就是求雨的缘故。这才是"灵台"以"灵"为名的原因，后来才引申为《毛传》所神化的受天命而"观祲象，察气之妖祥"之台。

孔颖达则注解说："四方而高曰台。以天象在上，须登台望之，故作台以观天也。"陈子展先生在《诗经直解》一书中说："据孔疏，此灵台似是以观天文之雏型天文台，非以观四时施化之时台（气象台），亦非以观鸟兽鱼鳖之囿台（囿中看台）也。"我认为这一观点最接近"灵台"的本义，即最初用作求雨之台，演化为天文台，当然后来也就兼具天文、气象、游乐等各种用途了。

梁思成先生曾推测上古时期高台的形貌特征为"孤立"和"高

崇"，包括"灵台"在内的上古高台都是如此，目的在于尽量远离人间而接近上天，方才能够获得神灵的眷顾和保佑，这也是"灵台"用途的另一个佐证。而周文王另外所建的灵囿、灵沼、辟雍（四面环水的圆形建筑）不过都是求雨得雨的结果而已。

"靈"字金文中还有改"巫"为"心"的字例，也是理所当然，因为祈祷神灵之前必斋戒，洗心曰斋，洗心才能诚敬，因此"灵台"亦引申为心、心灵。《庄子》一书中"灵台"一词凡三见，都是指心或心灵，比如《达生》篇中写道："工倕旋而盖规矩，指与物化而不以心稽，故其灵台一而不桎。"意思是巧匠工倕用手画圈胜过圆规和矩尺，手指跟随物体变化，根本不用考虑，因此他的心灵专一，不受约束。

中国针灸中还有"灵台穴"，在背部脊柱区，第六胸椎棘突下凹陷中，古人认为此穴内应于心，乃是心的神灵之亭台，故有此称。因此，今天我们所使用的"灵台清明"一词是指心灵清明。

李贽，字宏甫，号卓吾，又号温陵居士，明代思想家、史学家和文学家，著有《焚书》《续焚书》《藏书》等。此书应是托名李贽的《西游记》批评本，实际评者可能是明代小说、戏曲评点家叶昼。叶昼，字文通，无锡人，生卒年不详，万历年间托名李贽评点小说、戏曲多种。书前附版画二百幅（每回两幅），为徽派著名刻工刘君裕、郭卓然所雕刻。

此幅是《西游记》第四十五回"三清观大圣留名 车迟国猴王显法"插图。这回说的是唐僧师徒西行至车迟国，与三位国师斗法，令国王重尊佛教的故事。悟空与国师争执间，众百姓来求国师祈雨，国王就命唐僧和国师斗法。在悟空的扶持下，唐僧祈雨即来，悟空又以请龙王现身使国王信服，胜了这一回合。祈雨要登坛，此坛为"一座高台，约有三丈多高，台左右插着二十八宿旗号"，另有香炉、烛台、符箓、令牌种种道具。图中所绘，是雨后龙王现身，国王及众人于高台上纷纷礼拜的场景。这一回生动描绘了中国古代的祈雨仪式。

图书在版编目（CIP）数据

100 个常用词中的古代博物志/许晖著. -- 桂林：
广西师范大学出版社，2024. 8. -- ISBN 978 - 7 - 5598
- 4905 - 2

Ⅰ. H13 - 49

中国国家版本馆 CIP 数据核字第 2024GQ7765 号

100 个常用词中的古代博物志
100 GE CHANGYONGCI ZHONG DE GUDAI BOWU ZHI

出 品 人：刘广汉
责 任 编 辑：尹晓冬
助 理 编 辑：李芃芃
选图、解说：芸　窗
装 帧 设 计：李婷婷
营 销 编 辑：康天娥　金梦茜

广西师范大学出版社出版发行

（广西桂林市五里店路 9 号　　　邮政编码：541004
网址：http://www.bbtpress.com　　　　　　　　）

出版人：黄轩庄

全国新华书店经销

销售热线：021 - 65200318　021 - 31260822 - 898

山东临沂新华印刷物流集团有限责任公司印刷

（临沂高新技术产业开发区新华路 1 号　邮政编码：276017）

开本：720 mm×1 000 mm　1/16

印张：25　　　　　　　字数：303 千

2024 年 8 月第 1 版　　2024 年 8 月第 1 次印刷

定价：88.00 元

如发现印装质量问题，影响阅读，请与出版社发行部门联系调换。